Heinrich Motz

Über die Empfindung der Naturschönheit bei den Alten

Heinrich Motz

Über die Empfindung der Naturschönheit bei den Alten

ISBN/EAN: 9783743461048

Hergestellt in Europa, USA, Kanada, Australien, Japan

Cover: Foto ©Thomas Meinert / pixelio.de

Manufactured and distributed by brebook publishing software (www.brebook.com)

Heinrich Motz

Über die Empfindung der Naturschönheit bei den Alten

Ueber die

Empfindung der Naturschönheit

bei den Alten.

Von

Heinrich Motz.

Leipzig
Verlag von S. Hirzel.
1865.

Wenn man einen Blick auf die umfangreiche Literatur wirft, welche sich mit unserm Thema beschäftigt, und die Reihe bedeutender Namen mustert, die pro et contra in der Streitfrage über die Begabung der Alten für einen innigen Genuß der Naturschönheit aufgetreten sind, so könnte es scheinen, als kämen wir mit einer Ilias post Homerum.

Die Berechtigung, die Acten einer nochmaligen Revision zu unterwerfen, kann sich nur aus dem Verlaufe vorliegender Arbeit erweisen. Als eine Erklärung für die Nemesis mag Folgendes dienen. Das Trefflichste, was in dieser Sache geschrieben ist, ward nicht in voller Selbstständigkeit der Erforschung derselben gewidmet; es steht in dem Zusammenhang eines so oder so näher bestimmten Ganzen; bei der Abhängigkeit von diesem, bei der dadurch bedingten Verschiedenheit der Gesichtspuncte, der Methoden und Ziele konnten auch abweichende Resultate nicht ausbleiben, wo es auf die Vollständigkeit derselben und einen allgemeineren Abschluß der Untersuchung auch gar nicht abgesehen war. So verhält es sich mit der herrlichen Abhandlung A. von Humboldt's im 2. Theile des Kosmos (S. 1—94). Es kam hier auf das „eigentliche Naturbeschreibende" an; nicht auf die geheime, ungewollte Empfindung, sondern auf den bewußten Preis der Natur. Nicht auf die freien Gebilde der Phantasie, sondern auf die Schilderungen wirklicher Gegenden, „die individuelle Auffassung ganz bestimmter Localitäten" wird der Nachdruck gelegt. Wir werden unten darthun, daß hierin nur ein kleiner Theil unserer Untersuchung beschlossen sei, daß der eigentliche Angelpunct derselben weit abseits hiervon liege. Andere Beschränkungen mußte sich Vischer [1]) in der Aesthetik nach der Natur und den Grenzen seiner Aufgabe auferlegen. Diesem großartigen Werke, welches ein gleich hohes Verdienst in dem begrifflichen Aufbau des Systemes und in der sinnvollen und lebensfrischen Ausführung hat, verdanken wir die tiefste Anregung; gern erklären wir von vornherein, in allen ästhetischen Principienfragen von demselben abhängig zu sein [2]). So viele wie im Vorübergehen angestellte Betrachtungen und geistreiche Reflexionen, wie sie in so manchem Werke bedeutender Schriftsteller verstreut liegen, haben am wenigsten die Absicht, einen „zusammenschauenden" Ueberblick zu geben, die Sache zugleich allseitig und im Kerne zu erfassen. Sie haben zumeist den Werth und die Stelle von geschichtlichen Parallelen verschiedener Lebensformen, von Vergleichungen, welche die Dinge nur von einer Seite, auf eine bestimmte Analogie hin, ansehen. Wir denken hierbei an Schiller, die Staël (de l'Allemagne),

---

1) Siehe besonders im 2. Bd. über das Naturschöne und das Schöne in der Phantasie.

2) Wir verweisen hier kurz auf das neu erschienene Werk von L. Friedlaender (Darstellungen aus der Sittengeschichte Roms in der Zeit von August bis zum Ausgang der Antonine. Leipzig. S. Hirzel 1864), das uns leider erst nach völliger Ausführung unserer Abhandl. zu Gesicht kam. Der Abschnitt über das Interesse für die Natur Bd. II. S. 104—22 berührt unser Thema deshalb weniger nahe, weil er von einer Uebergangsperiode handelt, in der wir schon so viele Keime der modernen Lebensform sprießen sehen.

W. von Humboldt (Briefwechsel mit Schiller und Briefe an eine Freundin), J. Burckhardt (die Cultur der Renaissance in Italien, Basel 1860) und andere.

Eine Untersuchung wie die unsrige führt mitten in die Betrachtung des eigenthümlichsten Wesens der antiken Geistesart, der geheimen Tiefen des Empfindungslebens des Alterthums hinein. Hier liegen die letzten Ziele der classischen Philologie; es verlohnte sich nicht, die langen und beschwerlichen Wege derselben zu gehen, ohne das Bemühen, sich das Eigenste des antiken Seins, ein einheitliches Bild dieser einzigen Geistesform zu erschließen. Nimmt unser Thema an jener großen Aufgabe Theil, so wird man auch keinen Ueberdruß empfinden, wieder und wieder Stimmen über dasselbe zu vernehmen.

Um in unserer Frage einen festen Boden der Beurtheilung und ein sicheres Ziel zu finden, könnte sich dem ersten Anblick als der gerradeste Weg darstellen, eine Sammlung von Belegen vorzuführen, die in längeren oder kürzeren Schilderungen bedeutender und schöner Natur untrügliches Zeugniß für eine innige Empfindung, eine bewußte Werthschätzung derselben ablegen. Auch sind diesen Weg diejenigen gegangen, welche in selbstständigen Schriften vom Naturgefühl der Alten gehandelt haben. Diese Arbeiten erstrecken sich entweder über das ganze Gebiet der altgriechischen Literatur, wie die Abhandlung Cäsar's [1]), oder sie beschäftigen sich damit, den Sinn für die Schönheit der Natur, wie er bei einzelnen Dichtern hervortritt, auf die benannte Art zur Anschauung

---

1) Ueber das Naturgefühl bei den Griechen. Zeitschrift für Alterthumsw. Jahrg. 7. Nr. 61—65.

zu bringen. So haben E. Müller¹) und Pazschke²) gethan. Insofern auch Humboldt in seinem Excurse eine ähnliche Methode befolgt, erklärt sie sich zur Genüge aus den individuellen Zwecken des Werkes.

Wer da suchet, der findet. Es konnte nicht fehlen, daß eine reiche Blumenlese, die sich in's weite vermehren ließe, zusammenkam. Es wird sich indessen zeigen, daß dieser Weg ziellos verlaufe, durch wie anmuthige Gefilde er uns auch führe. Die Täuschungen dieses Irrpfades sind nicht schwer aufzuweisen. Es wird hier in eine psychologische Untersuchung ein Moment eingeführt, das zuletzt als ein wahrer Werthmesser anzuerkennen wäre. Nichts ist hier weniger entscheidend als ein quantitatives plus oder minus. Das $\pi\varrho\tilde{\omega}\tau o\nu$ $\psi\varepsilon\tilde{\iota}\delta o\varsigma$ dieser Methode ist die Annahme, daß die dunkele Welt der Gefühle und was die Tiefen des empfindenden Gemüthes bewegt, auch überall zur klaren, unverhaltenen Objectivirung gelange; die Behauptung: nichts sei in sensu, was nicht auch in intellectu sei; die bedeutungslose Verkehrung des bekannten Philosophems. Diese Methode verkennt, daß der Weg von der Empfindung bis zur Helle des Bewußtseins ein weiter ist, und nicht minder weit derjenige, welcher von dort in das Reich mittheilender Rede und Schrift führt; sie verkennt, wie oft die Kraft, die Wahrheit und die Allgemeinheit der Eindrücke des Gemüthes im umgekehrten Verhältniß stehe zu der Klarheit und Ruhe bewußter Betrachtung, dem Triebe und Vermögen, ihnen durch Worte äußeres Dasein und gleichsam Bestand zu geben.

---

1) Ueber Sophocleische Naturanschauung, Liegnitz 1842.
2) Ueber die Homerische Naturanschauung, Stettin 1848 (die beiden letzten Schriften sind Schulprogramme).

Die Macht der Natur ist unentfliehbar; nicht nur über das Bedürfniß des Menschen und den ganzen Kreis seines physischen Daseins — in gleicher Weise unumschränkt herrscht sie im Reiche der Empfindungen und Gefühle. Sie schafft den Menschen nach ihrem Bilde, ehe er die weiten Wege der Cultur gegangen, und schließt mit geheimnißvollen Banden sein Leben mit dem ihrigen zusammen. W. von Humboldt sagt einmal, man könne annehmen, daß jede leidenschaftlichere oder doch tiefere Empfindung ihren ursprünglichsten Grund in den Eindrücken der äußeren großen Natur habe, auch ohne daß wir es selbst im Einzelnen bemerkten. Und von keinem Volke ließe sich doch im höheren Sinne als von den Griechen behaupten: sein ganzes Leben sei von der Natur beherrscht worden. Hierin sind auch alle diejenigen einig, welche über das Naturgefühl der Alten das ungünstigste Urtheil abgaben. Bernhardy sagt: die Natur hatte sie ganz gebildet. Völlig unbefangen wird überall das Axiom aufgestellt: die nationale Eigenthümlichkeit vermöge aus der umgebenden Natur durchschaut und erklärt zu werden; zwischen beiden walte die tiefste Analogie, die ganze Landschaft sei das getreue, sprechende Gegenbild des Lebens, der geistigen Eigenthümlichkeit eines Volkes [1] — und dennoch soll die Mutter dem Kinde fern und fremd geblieben sein; die herrlichste Natur, wie sonst nirgends, hat die Alten rings umgeben, und doch soll Phantasie und Gemüth dieselbe nicht in congenialer Weise ergriffen haben.

---

[1] Wir verweisen auf die herrlichen Ausführungen Vischers in der Aesthetik; da wird klar, was es mit der sympathetischen Einheit von natürlichem und geistigem Dasein auf sich habe; und Vischer betrat unseres Wissens diesen Weg zuerst.

Man übersah, daß gerade jenes Dunkel, das geheime Walten und Weben, jene verborgene Stille der Seele das Lebenselement der Empfindung ist; sie ist lange vorhanden, ehe das Bewußtsein bei ihr verweilt. Selbst die ursprünglichsten, tiefsten und allgemeinsten Erregungen des Gemüthes werden erst als letztes, spätes Resultat langer geschichtlicher Entwickelungen in das scharfe Tageslicht der Reflexion hervorgebracht. Freilich mag man hier den alten Spruch einwenden: wes das Herz voll ist, des geht der Mund über; und es ist wahr: ein Gefühl, welches in völliger Stummheit verborgen bliebe, müßte eben als nicht vorhanden angesehen werden. So steht es nun aber in unserer Frage auf keine Weise. Wird auf der einen Seite, und das mit Recht, auf den verhältnißmäßig großen Mangel des eigentlich Naturbeschreibenden hingewiesen, und rücken andere dagegen mit einer nicht verächtlichen Schaar von Beweisstellen aus der gesammten alten Literatur in's Feld, so hatte man in diesem Kriege ohne Ende eben nicht bedacht, ob man gesucht habe, wo und wie man hätte suchen sollen. Man vergaß, daß die erregte Empfindung, das gerührte Gemüth, der entzückte Sinn auf hundert anderen Wegen als auf denen der explicirten Schilderung, des absichtlichen Preises, des reflectirten Ausdrucks des Empfundenen sich äußert, ohne Absicht, instinctiv, nach innerer Nothwendigkeit. So viel ist hier schon klar: wir müssen in unserer Untersuchung überall auf die eigenthümliche Geistesart des Alterthums zurückgehen; wir müssen zunächst fragen, wie konnte sich auf diesem Standpunct geistiger Entwickelung die innere Welt der Empfindung nach außen hin verrathen und reflectiren. Ehe wir hiemit an den Kernpunct der Untersuchung hinantreten, bleiben einige Argu-

mente zu erörtern, die man von außen in dieselbe einge=
führt hat.

In der mangelhaften Ausbildung der Landschaftsmalerei
bei den Alten hat man den „sprechendsten Beweis" (Pazschke
S. 1) dafür sehen wollen, daß den Alten die innige Empfin=
dung für die Natur, wie sie uns Modernen eigen sei, gefehlt
habe. Aber ein solcher Beweis spricht nur für eine gründ=
liche Unkenntniß der geistigen Entwickelung und der geschicht=
lichen Bedingungen, unter denen allein die Kunst der Land=
schaftsmalerei entstehen konnte. Es würde uns zu weit führen
und hieße uns vorgreifen, wollten wir hier entwickeln, wes=
halb dieser Kunstzweig in seiner reiferen Ausbildung allein
der Welt des modernen Bewußtseins angehören kann. Jenes
Argument ist aber auch nichtig, weil es zu viel beweist. Es
trifft nicht in besonderer Weise auf die Griechen und Römer
zu, sondern in gleicher Weise auf alle Völker des Alterthums
in der weiteren Bedeutung des Wortes; auf Völker, denen
man im Gegensatz zu den genannten einen geöffneten Sinn
für die Wunder der Schöpfung beilegte, ja selbst auf die ger=
manischen Nationen, über welche nun einmal nach landläu=
figem Urtheil der echte Sinn für die Natur ohne Maß aus=
gegossen sein soll, bis da, wo sie in ihrer geistigen Entwicke=
lung die Marken der Neuzeit überschreiten. Man kann sagen,
diese Kunst ist wie ein nachgeboren Kind; wo sie als ein ab=
gesonderter Zweig im vollen Bewußtsein ihrer Selbstständig=
keit und ihrer Ziele auftrat, war das goldene Zeitalter der
Malerei entschwunden. So könnten wir mit gutem Rechte
diese Frage ganz aus dem Kreise unserer Untersuchung ver=
weisen. Nur einige wenige Bemerkungen sei es erlaubt hin=
zuzufügen. Die Untersuchung darüber, was die Alten in den

Anfängen der Landschaftsmalerei geleistet haben, kann sicher nicht für abgeschlossen gelten. Bei den spärlichen Nachrichten und den noch spärlicheren Resten, die der Vandalismus früherer Zeiten uns hinterlassen, wird man es schwerlich zu einer klaren Anschauung davon bringen. Am wenigsten wäre ein Schluß aus den Gemälden einer kleinen Provinzialstadt wie Pompeji auf die ganze Entwickelung griechisch-römischer Kunst zulässig, zumal jene Wandmalereien nur den allerkürzesten Zeitabschnitt repräsentiren. Von den Vasenbildern, welche in der Farbengebung eine so geringe Abwechselung und Nüancirung aufweisen, konnte schon Niemand eine eingehendere Behandlung landschaftlicher Motive erwarten. Denn die Seele der Landschaft ist ein reiches Colorit, das sich in den unendlichen Mischungen und Uebergängen der Farben bewegt. Schon die scharfen Umrisse der Zeichnung, die geringe Abstufung des Colorits verlangten als entsprechenden Vorwurf die klaren und nothwendigen Formen menschlicher und thierischer Gestalt. Sollte hier das relativ Höchste erreicht werden, so konnte das Landschaftliche nur in der Form symbolischer Andeutung oder der Personificirung des Locales aufgenommen werden.

Den entschiedensten Einmischungen landschaftlicher Motive mögen wir in den Gemäldebeschreibungen der Philostrate begegnen. Was diese aber betrifft, so glauben wir, das trefflliche Buch von Friederichs[1]) befreie gründlich von dem Wahne, als hätten dieselben einen anderen Ursprung, als in der geschmacklosen und eitelen Phantasterei jenes Rhetorenpaares, und dazu dürfen wir uns auch gewiß im Interesse unserer

---

1) Die Philostratischen Bilder. Erlangen 1860.

Ansichten vom Wesen antiker Landschaftsmalerei besonders glückwünschen. Geben wir auch zu, was Otfr. Müller (Archäologie d. Kunst. 1830. S. 609) behauptet, den ahnungsvollen Dämmerschein des Geistes, mit welchem die Landschaft uns anspreche, hätten die Alten jeder künstlerischen Ausbildung für unfähig gehalten, so glauben wir, widerspreche es dem nicht, wenn wir, nach dem Maße der Zeiten und dem eigenthümlichen Standpunct der Entwickelung menschlichen Bewußtseins viel eher zu Gunsten einer innigen Empfindung schöner landschaftlicher Formen bei den Alten schließen, als leicht weg den Stab über sie brechen lassen. Soll einmal die Frage nach dem Stande der Landschaftsmalerei in diesen Zusammenhang gebracht werden, so dürfte es wenig Widerspruch finden, wenn wir die Alten als die Anfänger einer Kunst verehren, die lange Jahrhunderte begraben lag und erst mit der Auferstehung des Alterthums ihre eigene feierte.

Es ist überhaupt eine bemerkenswerthe Erscheinung, daß von jeher in Zeiten, wo alt=classische Literatur Pflege und Bewunderung fand, wo der Geist der alten Kunst erwacht und diese als höchstes Vorbild begriffen war, im Gefolge davon ein lebendiges Naturgefühl sich zeigte. Man vergleiche hierüber den schönen Abschnitt „Entdeckung der landschaftlichen Schönheit" in J. Burckhardts geistvollem Werke: „die Cultur der Renaissance in Italien" (S. 139—141 und 292—303), einem Buche, das mit Ungeduld die verheißene Fortsetzung erwarten läßt.

Begeisterung für das Alterthum und bewußter Genuß landschaftlicher Schönheit gehen in jenen großen Zeiten der tiefsten geistigen Erregung Hand in Hand. Burckhardt hebt es von Petrarca hervor (S. 295): unmittelbar habe ihn der Anblick der Natur getroffen. Die lebhafte Freude an herrlicher Landschaft, wie sie in den Schriften jener Epoche so häufig hervorbricht, jene Bergbesteigungen, die Landaufenthalte und Wanderungen in reizenden Gegenden spricht er als wesentlich modernen Naturgenuß an, nicht als eine directe Einwirkung des Alterthums. „So gewiß die Alten ähnlich empfunden hätten", würden die spärlichen Aussagen derselben nach dieser Richtung, welche etwa ein Aeneas Sylvius kennen mochte, nicht eine so hohe Begeisterung für die Natur in ihm haben entzünden können. Dies völlig zugegeben, enthält die Annahme nichts Widersprechendes (ja sie ist eine innere Folge des von Burckhardt sonst Erörterten), daß der ganze Geist der antiken Literatur die Gemüther in die genießende Betrachtung der Natur wie ein verwandter, congenialer eingeführt, und, wie alle Schönheit, so auch die Wunder und Geheimnisse der Landschaft den entzückten Blicken erschlossen habe. Dahin konnte offenbar die ganze Stimmung, welche die Schriften der Alten durchweht, die eigenthümliche Weltanschauung derselben größeren Einfluß haben, als eine Reihe bewußter, absichtlicher Naturschilderungen. Was Burckhardt über Petrarca sehr treffend sagt (S. 296), daß man ihm nämlich Unrecht thun würde, aus seinem noch schwachen und wenig entwickelten Vermögen landschaftlichen Schilderns auf einen Mangel an Empfindung zu schließen, daß es ein verhülltes Gefühl gebe, das sich nicht auf unmittelbare Weise offenbare, das bezeichnet in noch viel höherem Grade den Standpunct der Alten, und hieran wird unten wieder anzuknüpfen sein.

Gegen unsere Behauptung, daß Liebe und Verständniß für das Alterthum und die Natur überall in einem innigen

Bündniß erscheinen, ist auch jene sogenannte Classicität, wie sie sich von Frankreich aus verbreitete, keine Instanz. Es bezeichnet diese nicht sowohl ein Mangel an Gefühl für die Natur, als eine Abirrung, Verzerrung desselben. Jener unerträglichste Despotismus, der auch das Ursprünglichste und Eigenste des Menschen nur wie im Kleide nach approbirtem Hofschnitt für passirbar erachtete, preßte auch die Natur in den leeren, abstracten Regelzwang, machte aus ihr ein Abbild der eigenen Unnatur. Jener falschen Classicität, jenem geckenhaften Afterbild des Alterthums entspricht die Affektation für die Natur, die eitle Schwärmerei für dieselbe, welche fern von jedem unmittelbaren und ungesuchten Genießen vor allem selber gesehen sein wollte, „jener enthousiasme obligé" und die eckle Empfindung der Empfindung. Alles dies machte sich auch noch in der Periode sentimentaler Dichtung in Deutschland so oft breit und verwässerte kläglich den Wein wahrer Poesie. Ob der Geist der antiken Dichtung einer wahren und innigen Freude an der Natur nahe oder fern stehe, liegt in dem Entwickelungsgange eines Dichters wie Goethe zu Tage, der doch an Reinheit und Tiefe des Naturgefühls keinem der modernen Geistesherren nachsteht.

Man hat ferner zu folgender Erklärung gegriffen, um die vermeinte und nun einmal als Dogma angenommene Unempfänglichkeit der Alten für alle die Gefühle zu begründen, welche die unendliche Erscheinungswelt der Natur in uns erregt, indem sie das Gemüth im Wechsel seiner Stimmungen zum treuen Spiegel ihrer flüchtigen Bilder macht.

Die großartigen Gegensätze der Jahreszeiten in den germanischen Landen, der Ungestüm gleichsam, mit dem sich dieselben geltend machen und vor allem die lange winterliche

Entbehrung¹) alles Naturgenusses, so sagt man, setzte das Gemüth der nördlichen Culturvölker in ein innigeres, vertiefteres Verhältniß zur Natur, knüpfte ihr ganzes geistiges wie sinnliches Leben enger an die Schicksale derselben und ließ das ganze Dasein von ihrer ernsten Nothwendigkeit beherrscht sein. Wir begreifen nicht, wie man sich dieses Arguments im vorliegenden Zusammenhange bedienen könne. So sicher als sich aus demselben eine ganz verschiedene Art und Stimmung des Naturgefühles ableiten läßt, so wenig sagt es etwas über das Dasein und über die Intensität desselben aus. Nur dies ergiebt sich daraus, daß den großartigen Contrasten eines wechselvollen Naturlebens auch scharfe Unterschiede in der gemüthlichen Richtung und Färbung der angeregten Empfindung entsprechen, daß schroffe Gegensätze im Verlaufe der Jahreszeiten auch in den verschiedensten und gegensätzlichsten Bewegungen des Gemüthes ihr Widerspiel finden werden. Das Abbild einer so gearteten Natur wäre unschwer in dem in harten Contrasten umspringenden germanischen Naturell aufzuweisen. Um jene Behauptung auf ihr richtiges Maß zurückzuführen, bleibt aber auch Folgendes zu bedenken. Wenn die Natur auf der einen Seite uns dadurch näher tritt, uns heimisch befreundeter wird, daß sie wie ein trauter Genoß des Lebens, wie die guten, so auch die bösen Tage, daß sie Lust und Leid mit uns durchlebt, so wirkt sie durch die Rauheit und Noth eines nordischen Winters auf der andern Seite das Gemüth in sich selber zurück, läßt uns ihr eine eigene innere Welt und ein rings von Menschenhand geschaffenes, ihr frem-

---

[1]) Siehe auch Humboldt, Kosmos II. S. 31, 32 u. 38, der diese Ansicht aber nicht als die seinige giebt.

des Reich entgegenstellen, macht uns ihr gegenüber frei und bewußt. Hier wird sie immer nur im Gegensatze zu einem andern ergriffen.

Und dabei vergesse man nicht, daß der Contrast der Jahreszeiten in jenen Gegenden nach dem freilich milden Winter in dem unendlich herrlicheren Frühjahr, als wir es kennen, und in der lastenden Gluth des hohen Sommers eine Wahrheit erhält, von der die entsprechenden Erscheinungen bei uns nur das schwächste Abbild liefern; daß zumal Griechen= land durch die unbegrenzte Mannigfaltigkeit, den größten Wechsel der klimatischen Verhältnisse auf dem engsten Raume, wie eine Welt im Kleinen für sich erscheint.

Jedenfalls fehlt es nicht an Zeugnissen aus dem ganzen Alterthum, in welchen die Frühlingswonne in aller Innigkeit der Empfindung zu Worte kommt. Schon die ganze griechische Mythologie ist voll des Jubels über die wiedererstandene, voll der Wehmuth über die ersterbende Natur. Eine Argumen= tation hieraus stellen wir indeß bei Seite, da sich aus dem Anthropomorphismus der mythologischen Vorstellungen aller= dings nicht direct auf den Natursinn der Griechen, wie wir sie aus der historischen Zeit kennen, ein Schluß ziehen läßt. Nur werde hier schon bemerkt, welch' unselige Sterne über der griechischen Lyrik gewaltet haben. Und hier gerade wäre die reichste Ausbeute zu erwarten gewesen. (Vergl. Cäsar Nr. 62.) Es genüge auf das köstliche Liedchen der anakreontischen Sammlung (37. εἰς τὸ ἔαρ) hinzuweisen.

Ἴδε πῶς ἔαρος φανέντος
Χάριτες ῥόδα βρύουσιν·
ἴδε πῶς κῦμα θαλάσσης
ἀπαλύνεται γαλήνῃ·
ἴδε πῶς νῆσσα κολυμβᾷ·

ἴδε πῶς γέρανος ὀδεύει.
ἀφελῶς δ᾽ ἔλαμψε Τιτάν·
νεφελῶν σκιαὶ δονοῦνται κ. τ. α.

Vergl. frg. Aesch. bei Dind. 38. und Cäsar über die εἰρεσιῶναι und χελιδωνίσματα Nr. 62, sowie das oft gepriesene Frühlingsgedicht des Meleager.

Bei den römischen Dichtern begegnen wir überall dem Preise des Lenzes; man denke nur an das Horazische: Diffugere nives, redeunt jam gramina campis, und Solvitur acris hiems etc. Carm. I. 4., IV. 7. — Ovid singt in der traurigen Oede des sarmatischen Landes mit tiefer Sehnsucht den fernen hesperischen Frühling:

> Jam violam puerique legunt hilaresque puellae,
>   rustica quam nullo terra serente gerit.
> prataque pubescunt variorum flore colorum,
>   indocilique loquax gutture vernat avis.
> utque malae crimen matris deponat hirundo,
>   sub trabibus cunas parvaque tecta facit.
> herbaque, quae latuit cerealibus obruta sulcis,
>   exserit e tepida molle cacumen humo.
> quoque loco est vitis, de palmite gemma movetur:
>   nam procul a Getico litore vitis abest.
> quoque loco est arbor, turgescit in arbore ramus:
>   nam procul a Geticis finibus arbor abest etc.
>   Trist. III. 12.

Virgil sagt in der herrlichen Schilderung des Frühlings Georg. II 323—342 (vergl. I. 417—423, Lucret. I. 251—262.):

> Non alios prima crescentis origine mundi
> inluxisse dies aliumve habuisse tenorem
> crediderim: ver illud erat; ver magnus agebat
> orbis etc.

Mit tief dichterischer Intuition ist hier der eigenthümlichste Eindruck des jungen Jahres auf das Herz versinnlicht. Die Werdelust, das schöpferische, allbelebende Weben und

Walten weckt an solch' wunderbaren Frühlingstagen wohl den ahnenden Rückblick zum Schöpfungstage. Dem gelehrten Mittelalter blieb es aufbehalten, den Dichter in gut scholastischer Weise beim Wort zu nehmen und pro et contra zu disputiren, mit welcher Jahreszeit die Welt ihren Anfang genommen habe.

Noch in eine andere Untersuchung von durchgreifender Bedeutung für unsere Frage müssen wir eintreten. Man hat so oft unvermittelt aus einer mangelnden Befähigung der Alten für die gemüthliche Auffassung der Natur erklären wollen, was viel mehr aus dem innersten Wesen der Poesie zu begründen war. Mit kurzen Worten, man hat verkannt, daß der feine Sinn der Griechen für die eigenthümliche Aufgabe und die Grenzen einer jeden Kunst und insbesondere, was uns hier zunächst berührt, daß die tiefe Weisheit, die sie in der Befolgung der eigensten Gesetze der Dichtkunst bewiesen, ihnen nicht gestattete, der Beschreibung der räumlichen Dinge mehr als das schmalste Gebiet einzuräumen. A. von Humboldt hat dies nicht übersehen; indessen konnte er es, bei den besonderen Zielen, die er verfolgt, nur kurz andeuten. Seite 11 motivirt er „die nur mäßige Entfaltung der naturbeschreibenden Theile," aus den Formen der Dichtungsarten, auf welche sich das Alterthum bei der Eigenthümlichkeit griechischer Geistesentwickelung beschränkte, und präcisirt das S. 7 näher dahin, daß sich „in der griechischen Kunstbildung alles gleichsam im Kreise der Menschheit bewege." Diese Bemerkungen sind dem Mißverständnisse ausgesetzt und müssen durch eine weitere Entwickelung für unser Thema fruchtbar gemacht werden. Zunächst dürfen wir hier auf die für alle Zeiten entwickelten Bestimmungen in Lessings Laokoon hinweisen. Wie hier die

Grenzen zwischen den bildenden Künsten und der Poesie gezogen sind, können wir als bekannt voraussetzen [1]).

In dem Nebeneinander der Dinge finden die bildenden Künste ihren eigenthümlichen Vorwurf; ihr heimischer Boden ist die Welt des Coexistirenden. Und auf der anderen Seite das Nacheinander, das Consecutive, die Handlungen, seien es nun äußere Thaten oder nur innere Bewegungen des Geistes, sind der eigentliche, der homogene Gegenstand der Poesie. Ihr entspricht die Kategorie der Zeit, wie jener die des Raumes. „Der dogmatische Dichter" (Lessing bedient sich des Virgils und seiner Beschreibung der tüchtigen Kuh, des schönen Füllens als Beispiel) kann mit Nutzen sich in Schilderungen von Körpern einlassen; dann verfolgt er aber der Poesie fremde Zwecke; „denn wo er dogmatisirt, ist er kein Dichter."

Dafür daß die alten Dichter mit Bewußtsein und in weiser Selbstbeschränkung den ungleichen Kampf mit den bildenden Künsten nicht eingingen, lassen sich schon zwei bei Humboldt angezogene Stellen (S. 107) anführen. Aristoteles sagt de poet. cap. I: Οὐδὲν δὲ κοινόν ἐστιν Ὁμήρῳ καὶ Ἐμπεδοκλεῖ πλὴν τὸ μέτρον. Δι' ὃ τὸν μὲν ποιητὴν δίκαιον καλεῖν· τὸν δὲ φυσιολόγον μᾶλλον ἢ ποιητήν. Und ebenso will Plutarch den Empedocles, Parmenides, Nicander, Theognis nicht für Dichter passiren lassen. Ihre Werke λόγοι εἰσὶ κεχρημένοι παρὰ ποιητικῆς ὥσπερ ὄχημα τὸν ὄγκον καὶ τὸ μέτρον, ἵνα τὸ πεζὸν διαφύγωσιν. De audiend. poet. Cap. II. — Horaz verspottet die Stümper, die ihre Gedichte überall mit Naturschilderungen flicken

---

[1]) Vergl. besonders Abschnitt XVI u. XVII.

— — — — lucus et ara Dianae
et properantis aquae per amoenos ambitus agros
aut flumen Rhenum, aut pluvius describitur arcus

und leider vergebens ruft er auch unseren Dichterlingen sein „non erat hic locus" zu. Epist. ad Pison. 16—19.

Es mag hier erinnert werden, wie weit Alex. von Humboldt davon entfernt ist, in derartigen Naturschilderungen eine Bereicherung der Poesie als solcher zu erblicken. S. 73 tadelt auch er die „beschreibende Poesie" als eine für sich bestehende Form der Dichtung. Die Naturbeschreibungen stehen in seinem Sinne viel mehr im Dienste der Wissenschaft, die kein Mittel unangewandt lassen sollte: „die Resultate der neueren inhaltsreicheren Weltbetrachtung durch die Sprache, d. h. durch die Kraft des bezeichnenden Wortes anschaulich zu machen."

Nun hat sich die Dichtkunst der Alten eines Kunstgriffes bedient, in der Schilderung räumlicher Dinge das Coexistirende in ein wirklich Consecutives zu verwandeln. Der überlegene Scharfsinn Lessings hat dies am Homer nachgewiesen. Der Wagen wird nicht, wie er fertig dasteht, beschrieben; — wir sehen ihn, wie er zusammengefügt wird; nicht die Kleidung, Rüstung des Helden wird uns in Worten gemalt; er wird uns gezeigt, wie er sich kleidet, rüstet. Wir sind als die Zuschauer dabei, wenn der Schild des Achilleus allmählich unter Hephaisto's kunstreichen Händen entsteht. In jedem Augenblicke sehen wir die Dinge anders, und das Bild des Gegenstandes wird in eine Art Geschichte desselben verstreut.

Es ist klar, wie wenig sich nach dem oben Entwickelten die elementare Natur im ruhenden Zustande, die unbewegten Formen der Landschaft für die poetische Schilderung eignen.

Aber auch sie können der letzteren zugänglich gemacht werden; die Dichtkunst kann sie der Malerei als ein Grenzgebiet streitig machen, und hierauf hat Lessing nicht im besonderen hingewiesen. Denn zunächst kann die Natur geschildert werden, wie sie sich im blanken Spiegel menschlichen Empfindens reflectirt und in die Bewegung des Gemüthslebens eingeht. Auf diese ihre Bedeutung als stimmungsvolle Situation werden wir unten zurückkommen.

Aber auch auf diesem andern Wege kann das Nebeneinander der Natur in ein Nacheinander aufgelöst, statt eines und desselben Bildes eine Reihe immer verschiedener uns vorgeführt werden. — Die Alten schilderten nämlich die Natur nicht sowohl in ihrem ruhenden Zustande, als in ihren bewegten Erscheinungen, da wo sie gleichsam selbst als handelnd auftritt. Es wird genügen, eine Anzahl solcher Vorgänge in der Natur zu nennen, welche die Alten mit der ergreifendsten Treue wieder und immer wieder darzustellen nicht müde wurden. Auf eine ausführliche Beschreibung des Berges, des Waldes läßt sich die Poesie der Alten nach ihrem Wesen selten ein; aber mit Vorliebe verweilt sie bei der furchtbaren Erscheinung des Bergsturzes, bei dem Waldbrand, dem wilden Sturm im hohen Forst; daneben wäre zu nennen der von jäher Felsenhöhe stürzende Gießbach, der reißend angeschwollene Frühlingsstrom, der verheerend über die Ufer braust, die furchtbaren Gewalten der Stürme auf dem Meere und dessen wechselvolles Leben, die Gewitter, die unendliche Welt der Lichterscheinungen, das Kommen und Gehen der Gestirne, der Gegensatz von Tag und Nacht, der Wechsel der Jahreszeiten in der jedesmal durch sie veränderten Landschaft; der Lauf der Flüsse, der schlummerlosen (ἄϋπνοι) Quellen, all das Rauschen und Säuseln, das unendliche Singen und Klingen in der Natur. Hierüber Belege sammeln hieße Eulen nach Athen tragen.

Man gestatte uns hier eine Bemerkung, die wir, wo sie unbewährt erscheint, gern preisgeben. Es wäre ein ebenso weitläufig und schwierig Ding, den bestimmten Nachweis ihrer Richtigkeit zu führen, als es sie zu widerlegen wäre.

Wir glauben gefunden zu haben, daß die Alten in der Schilderung der Dinge, viel eher alle anderen Eigenschaften erwähnen, als die Farbe; daß, wo sie dennoch darauf eingehen, sie viel öfter nur in allgemeiner Weise das Dunkele, Helle, Glänzende u. s. w. bezeichnen als auf die nähere Individualisirung des Colorits kommen. Es wäre, wenn anders dies begründet ist, ebenso oberflächlich, daraus auf einen Mangel an Farbensinn schließen zu wollen, als wenn man die Empfindung schöner und erhabener Natur den Alten absprach, weil eingehendere Schilderungen derselben ihren Schriften im geringeren Maße eingemischt sind als denen der Neueren. Es fände dieser Umstand darin seine einfache Erklärung, daß die Poesie bei nichts so ungeeignet verweilen konnte, wie gerade bei der Schilderung der Farbe. Ihre Modificationen sind überall so unendlich, daß nur das Auge unmittelbar, nicht die Vorstellung nach einem doch unzureichenden Namen, einen fruchtbaren Eindruck zu erhalten vermag. Am ersten wird dies noch durch die Angabe des Lichteren oder Dunkleren geschehen. Man vergleiche ein so häufig gebrauchtes Wort wie purpureus, $\pi o \varrho \varphi \acute{v} \varrho \varepsilon o \varsigma$, welches nicht sowohl eine bestimmte Farbe als ein Schimmern, Glänzen bezeichnet. Es wird vom Meere, aber auch vom Blau des Himmels, von Licht, von der heitern Frühlingshelle, ja selbst von der finstern Wolke und dem leise schimmernden Dunkel der Nacht, von der Rose, dem Veilchen, vom Blut und vom Regenbogen gebraucht.

Noch von einer andern Seite her läßt es sich begründen, weshalb sich die alten Dichter selten in einer breiten Darstellung der Naturschönheit ergingen, und dies berührt nicht minder das innerste Wesen der Poesie.

Die petitio principii bei jedem Kunstwerk ist die Einheit der Composition und des Interesses. Nun ist aber die Schilderung menschlicher Handlung, menschlichen Schicksals toto coelo von der Darstellung der Nothwendigkeit und Ruhe der Natur verschieden. Coordinirt, mit verwandter Berechtigung, in ähnlicher Breite der Ausführung dürfen beide nimmermehr in demselben Werke verbunden sein. Eines hat nur die Bedeutung eines Nebenwerks, ist nicht um seiner selbst willen da; es dient als Folie, setzt wie ein Echo die gegebene Stimmung des eigentlichen Themas fort oder zieht sie in ein Spiel von Contrasten hinein. Hat nun die Poesie zu ihrem nothwendigen Vorwurf die Welt, das Nacheinander d. h. menschliche Thaten und Leiden, so kann die Beschreibung der Natur, der Landschaft nur in dem eben bezeichneten Sinne völliger Unterordnung hinzutreten. Sonst heißt es: Humano capiti cervicem equinam jungere, das ist, auf dem Felde der Dichtkunst den Fehler machen, der sich in umgekehrter Weise in der Landschaftsmalerei ergiebt, wie Vischer das auf so überzeugende Art dargestellt hat [1]). Durch eine „beziehungsreiche Staffage", die ihr eigenes Leben, ihr besonderes Interesse hat, wird jener ahnungsvolle Schleier zerrissen, jener Däm-

---

[1]) Kritische Gänge I. 219 31. Neue Folge, Heft 1. S. 36—42.

merschein des Geistes zerstört, der das Wesen und die Seele der Landschaft ist.

Wie hier nun die Staffage in anspruchsloser Weise den Geist der dargestellten Gegend fortsetzen soll, so darf auch in der Dichtung die Natur, ohne für sich selbst etwas sein zu wollen, nur der Spiegel der Handlung und des Gemüthes sein. Ob dies die Alten empfunden, ob sie es so geübt haben, wird sich unten zeigen. Fern aber blieb ihnen immer jene moderne Dichtungsart, in der, wie Schiller[1]) es ausdrückt, die unbeseelte Natur als Heldin und der Mensch nur als Figurant in derselben auftritt.

Freilich das zuletzt Erörterte bezieht sich aber nur auf die Poesie als solche; es ist damit noch nicht erklärt, weshalb wir in den Prosaikern so selten Ergüssen einer bewußten Naturfreude, Schilderungen landschaftlicher Schönheit begegnen; denn daß dies im Verhältniß zur modernen Literatur (freilich auch nur zu dieser) der Fall sei, ist nicht zu leugnen.

Ebenso wenig ist mit den bisherigen Deductionen schon ein festes Resultat gewonnen. Sie sind abwehrender, vorbereitender Natur. Sie beweisen streng genommen nicht das Dasein, sondern die Möglichkeit eines innigen Naturgefühls bei den Alten.

Hier ist der Ort, den Faden wieder anzuknüpfen, den wir oben (S. 6) fallen ließen. Wir sahen, wie wenig sich unsere Untersuchung von vorn herein auf die Zahl und Ausdehnung bewußter, absichtlicher Aeußerungen des Wohlgefallens an schöner Natur, wie man solche zusammengestellt hat, stützen darf. Auf die Qualität, das „Wie" der Aeußerungen wird

---

1) Ueber Matthissons Gedichte S. 2.

es vor allem ankommen. Die ungewußte und ungewollte Art, wie das Gefühl hervorbricht, auf dem nicht das reflectirende Auge der Selbstbetrachtung verweilt, — ohne die Absicht gehört zu werden und sich mitzutheilen, sondern aus innerm Drange, nach der Nothwendigkeit von Ursache und Wirkung, — hat für den Eindruck nicht bloß die Ueberraschung voraus, wenn es uns so unerwartet unter den verhüllenden Schleier in seine bewegten Tiefen schauen läßt, so spricht es auch am unmittelbarsten zum Herzen, verkündigt so am überzeugendsten seine Wahrheit und Energie.

Wir sehen uns hier in zwei Untersuchungen hineingetrieben. Die erste gehört der Völkerpsychologie an. Es gilt aus dem Wesen der antiken Geistesform für sich zu erschließen, welche Art der Theilnahme und Begeisterung für die Schönheit der Natur und der Aeußerungen über dieselbe wir hier erwarten dürfen. Zweitens ist es aber für eine gerechte Beurtheilung nicht minder unerläßlich in Erwägung zu ziehen, welchen Standpunct die Alten in der großen Stufenfolge menschlicher Geistesentwickelung überhaupt einnehmen. Es ist offenbar ein großer Unterschied, ob wir bei einem Volke irgend ein geistiges Moment vermissen, es nicht zum bewußten, geläufigen Ausdruck kommen sehen, deshalb, weil hierfür eine Befähigung in der Naturanlage desselben versagt war, oder aber weil nach dem großen, einheitlichen Entwickelungsgange der Menschheit hierfür eine Möglichkeit, eine Stätte noch nicht gegeben war; mit anderen Worten: ob wir die Erklärung schon allein aus der Eigenthümlichkeit des Volkes zu entnehmen im Stande sind, oder zur Lösung des Räthsels in die Geschichte des Geistes im Ganzen verwiesen werden. So sehen wir in den Griechen freilich ein Volk, das von den erften Anfängen der Cultur bis zum Gipfel der intellectuellen Bildung emporgeftiegen ift, aber immer auf der Stufe des Geiftes, wie ihn die Menfchheit bis da in fich entwickelt hatte. Sofort leuchtet es hierdurch ein, welchen Mißftänden eine directe, unvermittelte Vergleichung der Alten mit den Neueren in Fragen wie die vorliegende ausgefetzt ift. Denn hätte man die Griechen nur mit anderen Völkern, die gleich ihnen in ungetrübter Lebenseinheit mit der Natur ftanden, zufammengeftellt, fo wäre es fchwerlich jemandem eingefallen, ihnen eine glänzende Anlage für die Empfindung des Naturfchönen abzufprechen.

Diefe beiden Betrachtungsweifen werden wir mit einander zu verbinden fuchen, indem wir fofort das eigenthümliche Verhalten des modernen und antiken Geiftes zur Natur im kurzen darlegen.

Nichts ift dem modernen Bewußtfein characteriftifcher als die Rückkehr deffelben zu fich felbft, die Richtung des Geiftes, neben der Welt der äußern Dinge eine eigene innere Welt zu erbauen und fie jener gegenüberzuftellen. Es ift die Neigung fich felber in den innerften und geheimften Regungen der genießenden und betrachtenden Selbftbefchäftigung zu unterwerfen, die dunkelften und individuellften Gefühle aus den geheimnißvollen Tiefen in die Helle des Bewußtfeins emporzuheben. Hier find gleichfam alle die Schleier der Seele zerriffen; es giebt kein Allerheiligftes mehr im Herzen, worein die Reflexion zu bringen fich fcheute. Der eigenthümlichfte Genuß des modernen Menfchen befteht in diefer Verfenkung in die feelifchen Leiden und Freuden des eigenen Selbft. So ift es wunderbar tief von Goethe ausgedrückt:

Selig, wer sich vor der Welt
ohne Haß verschließt,
einen Freund am Busen hält
und mit ihm genießt,

Was von Menschen nicht gewußt,
oder nicht bedacht,
durch das Labyrinth der Brust
wandelt in der Nacht.

Dieses Genießen ist doppelter Art. Es ist nicht allein das unmittelbare Spiel der Empfindungen und der dunkeln Vorstellungen, welches solchen Reiz giebt; dies wäre allen Zeiten gemeinsam; — in der Betrachtung selber, die sich wie an einem objectiv Schönen erfreut und begeistert, liegt der eigenthümliche Genuß, wirke sie dabei nun beruhigend, ordnend, klärend oder erhöhe den Drang, die Kraft jener geheimnißvollen Regungen und rette sie aus dem flüchtigen Wechsel der Stunden zu einem dauernden Dasein. Dies ist das Eine. Es fragt sich wie dem so beschaffenen Gemüthe nun die Natur nach der unendlichen Verkettung der Bedingungen des modernen Daseins entgegentrete. Es weiß ein jeder, wie wir an den Grenzen eines Culturzustandes stehen, der weiter und immer weiter von der Einfachheit und Unmittelbarkeit eines naturnahen Lebens abgeführt hat. Die Natur ist uns die Fremde, das Ausland geworden. In der trostlosen Zersplitterung aller Berufszweige nimmt keiner den Menschen als ein Ganzes in Anspruch. In der immer weitergreifenden Individualisirung und Trennung der Gesellschaft muß der Einzelne auf eine harmonische Gestaltung des Lebens verzichten. Nur wo das Geschick wohl will, mag es dafür in dem Vereine vieler einen Ersatz, ein Analogon bieten und die Menschen nicht, wo es doch so oft nur auf äußere und zufällige Zwecke hinausläuft, zu einem leeren Mechanismus zusammenbinden. Die Prosa einer von Maschinen bewegten Zeit, in der das lebendige Wort der Dichtung verklungen ist, und die todte Schrift das Erbe angetreten hat, die Zeit des abstracten Staatsmechanismus, der papiernen Verfassungen, wo selber das Schöne in den großen Kirchhöfen der Museen begraben wird und nicht zum Volke, sondern zu den „Gebildeten" spricht, kann die Natur nicht als den ewig festen Besitz, den mütterlichen Boden des ganzen Daseins empfinden und erkennen. Man bedenke nur, wann und wie die Natur der großen Masse und vor allem den Kreisen der Gesellschaft, in welchen die Bildung und höhere geistige Cultur sich darstellt, entgegentritt. Der Verkehr mit der Natur ist nicht die erste Lebensbedingung, wie das tägliche Brod; er ist in dem Drange und der Hast der Geschäfte wie ein seltenes Fest. Man mißverstehe uns nicht. Wie es thöricht wäre, ein unwiederbringlich Vergangenes zurückzuwünschen, so wäre es auch arge Verblendung, nicht sehen zu wollen, wie mit unendlichem Gewinne in dem gesammten Leben der Menschheit wieder gewonnen ist, was nach dem Gesetze aller Entwickelung auf einem besonderen Gebiete desselben untergehen mußte. Dies darzustellen ist aber hier nicht der Ort.

Es ist klar, der moderne Mensch sieht die Natur nur wie im Weiten. Hieraus ergiebt sich, von mannigfaltigen Modificationen abzusehen, als die Grundstimmung unseres Naturgefühls eine Empfindung der Sehnsucht und der Wehmuth. Die Natur ist das verlorene und ersehnte Paradies. Aus der Verworrenheit und Zufälligkeit, dem Druck und Zwiespalt des Lebens rettet sich das verletzte und unbefriedigte Herz zu ihrer festen und ewigen Ordnung, ihrer ernsten

Nothwendigkeit und stillen Einfalt, wenn es, um uns eines Schillerschen Bildes zu bedienen, „im fernen Auslande der Mutter rührende Stimme hört." Schiller sagt ferner in zwei treffenden Vergleichungen: unser Gefühl für die Natur gleiche der Empfindung des Kranken für die Gesundheit und sei nahe demjenigen verwandt, mit welchem wir uns in die Betrachtung des Alterthums vertiefen, mit dem wir die ewig jugendlichen Schriften der Alten lesen [1]). So empfinden wir auch die dichterische Verherrlichung der Natur bei den Alten in sentimentaler Weise und vermögen nur durch Abstraction und Versenkung uns dem Gefühle, welches sie eingab, zu nähern.

Je mehr nun die Natur aus dem äußern Leben entschwindet, desto mehr zieht sie das moderne Bewußtsein in das Reich der Idee hinüber und giebt ihr ein neues verklärtes Dasein in der Phantasie. Hier aber wird ihr Bild nie seinen Ursprung verleugnen. Diese geistige Wiedergeburt derselben findet ihre Begründung in der Ungenüge an dem modernen Culturleben, dem Ueberdruß an der Gesellschaft, in der Flucht aus der Gegenwart, über der so oft der dichte Nebel der Langenweile zu ruhen scheint, — in ein Reich, wo allein noch naturwüchsige Größe und Schönheit immer gegenwärtig sind. Dies ist aber nur die eine Seite der modernen Theilnahme an der Natur. Es ist nicht nur das weiche, haltlose Gefühl der Sehnsucht und Wehmuth, die so oft zu jener empfindsamen Eitelkeit ausarten, wo sich das Gemüth in aller Absichtlichkeit an Trauer der Seele weidet, wie das

---

[1]) Ueber naive und sentimentale Dichtung. Bd. 18 (Cotta 1826) S. 231 vergl. 228.

Herz doch so unglücklich und schön zugleich sei. Als ein kräftiger Contrast steht ihnen das starke, erhebende, das frohe Gefühl entgegen, welches bei den erhabensten und großartigsten Erscheinungen der Natur hervorbricht, das Gefühl der ewigen Ueberlegenheit des Geistes, dem sich, „wenn der Sturm im Walde braust und knarrt, der eignen Brust geheime, tiefe Wunder öffnen"; der im Bewußtsein der eigenen Unendlichkeit und der unbesiegbaren Kraft sittlicher Freiheit froh erschaudert, „in des Schiffbruchs Knirschen nicht zagt", der beim furchtbarsten Kampf der Elemente „sich so klein, so groß fühlt." Denn die Natur in ihrer ganzen Grenzenlosigkeit stellt das absolut Große des Geistes nur in das wahre Licht.

Nach diesen beiden Richtungen offenbart sich das Eigenste modernen Naturgenusses. Beide Arten der Betrachtung entwachsen dem Boden eines tiefen Dualismus doppelter Art, eines äußerlichen der objectiven Welt; denn die Natur ist uns die verlorene Heimat; aus dem ganzen Leben ist sie entschwunden; aber dieser Dualismus ist ebenso sehr im Wesen des modernen Bewußtseins begründet. Der Geist verweilt mit der Reflexion bei sich selber und hält der Welt des äußern Daseins immer die Unendlichkeit der innern, subjectiven Welt entgegen. Daher wird das Naturgefühl der Neueren immer von den Gegensätzen: Natur und Kunst, Naturleben und Menschenleben beherrscht werden. Hierauf kommen wir alsbald zurück.

Nun fragt es sich: empfanden die Alten so, konnten sie so empfinden? Freilich, giebt es nur absichtlichen, gesuchten, reflectirten Naturgenuß, bewegt sich derselbe seinem Wesen nach nothwendig in den soeben entwickelten Contrasten, so stehen wir am Schluß unserer Untersuchung. Es wird aber sofort aufzuweisen sein, daß es eine ganz verschiedene Art für die Empfindung gebe, sich mit der Natur zu einen, die überall verbreitete Schönheit derselben widerzuspiegeln.

Jene Rückkehr des Bewußtseins zu sich selbst, jene Versenkung in das eigene Ich war im Alterthume noch nicht vollzogen. Das γνῶθι σεαυτόν ist ein Postulat, dessen wahre Erfüllung erst in der weiteren Entwickelung der Menschheit sich vollzog. Der Standpunct, den es bezeichnet, die Entwickelung der alten Philosophie von Sokrates an, treibt schon mit Nothwendigkeit über das innerste Wesen der antiken Geistesart hinaus.

Die Alten haben gewiß so innig und lebhaft empfunden, wie nur je ein Volk; aber es war nicht ihre Art, mit reflectirender Betrachtung bei der Empfindung zu verweilen und daraus einen zweiten Genuß zu machen. So ganz und voll waren sie an das Object hingegeben, daß sie sich dabei nicht auf sich selber besannen, nicht den Eindrücken desselben auf das gerührte Herz, den begeisterten Sinn nachspürten und nachdachten. Ihnen dictirte die Empfindung, aber sie beschrieben nicht ihre Empfindung. Wir erinnern an das schöne Goethische Wort: sie stellten die Existenz dar, wir gewöhnlich den Effect; sie schilderten das Fürchterliche, wir schildern fürchterlich, sie das Angenehme, wir angenehm[1] u. s. w. Nichts wäre nun doch verkehrter, als aus dieser Art der Darstellung auf einen Mangel an Gefühl für das Geschilderte schließen zu wollen; so sicher wie wir nach Jahrtausenden von den Schilderungen der Alten auf das Lebhafteste ergriffen,

---

[1] Briefe aus Italien. Neapel. Vergl. Schiller üb. naive u. s. Dichtkunst: Sie empfanden natürlich, wir das Natürliche.

auf das Innigste gerührt werden, so gewiß muß dieselben auch die tiefste und stärkste Empfindung erzeugt haben. Es ließe sich leicht nachweisen, würde hier aber zu weit führen, daß sich die Alten durchweg, nicht bloß der Schönheit der Natur gegenüber, in den Aeußerungen ihrer Gefühle so verhalten haben.

Wir haben nun in der Kürze das Lebensverhältniß des Alterthums zur Natur im Besonderen zu characterisiren.

Diese ist ihnen nicht das verlorene, sondern das gegenwärtige Paradies; weder in die äußere Stellung zu derselben, noch in die geistige und gemüthliche Auffassung ist ein Bruch gekommen. Die Natur ist der ewig sichere und gegenwärtige Besitz, sie trägt das ganze Leben; alle Sphären des Daseins, Staat, Religion, Sitte und Kunst, stehen mit ihr in der engsten Einheit, in unlöslicher Harmonie; in ihnen spiegelt sich dieselbe Ordnung, wie sie in der Natur herrscht, auf das treueste wieder. Und wie jener glückliche Himmelsstrich es mit sich führte, wo selbst die „Nacht glänzender und schöner ist als unser Tag", die Enge des Hauses in dem uns gewohnten Sinne war unbekannt. Die freie Natur war der Schauplatz des staatlichen, religiösen, familiären Lebens. Von der Pnyx und dem Theater in Athen schweiften die Blicke frei über das Meer und die herrliche Landschaft. Vergl. Plut. Themist. c. 19. Wie hätten hier Wehmuth und Sehnsucht den Grundton im Naturgefühle bilden können. Sicher so wenig, als es auch dem antiken Bewußtsein fern lag, der Erhabenheit der Natur gegenüber sich in die Anschauung der unendlichen Ueberlegenheit des Geistes zu versenken. Freilich würde man Unrecht thun, diese Empfindungsweisen den Alten gänzlich abzusprechen. Es kann hier ja überall nur von relativen Unterschieden und schwankenden Grenzen die Rede sein. Der Verlauf unserer Untersuchung wird uns hierher zurückführen, wenn nachzuweisen ist, daß das Naturgefühl der Alten selbst in einer Entwickelung nach dem modernen Bewußtsein hin begriffen war. Dasselbe wird sich dort für die oben bezeichneten Gegensätze von Menschenleben und unmittelbarem, natürlichem Dasein, von Kunst und Natur ergeben.

Man kann die eigenthümliche Geistesart der Alten durch die folgende Betrachtung der Anschauung näher bringen. In Plato's Timäus wird den Priestern von Sais das Wort in den Mund gelegt: „O Solon, Solon! Ihr Hellenen bleibt doch immer Kinder; nirgends ist in Hellas ein Greis. Eure Seelen sind stets jugendlich; ihr habt in ihnen keine Kunde des Alterthums u. s. w."[1]) Die Tragweite dieses Vergleichs ist hier schwerlich ermessen. Es giebt kein sprechenderes Abbild der Empfindungsweise und der Art, wie das Gefühl der Alten sich äußerte, als die Kindheit. Hier wie dort ist jene Einheit mit sich selbst, jene grenzenlose Bestimmbarkeit, die Unendlichkeit der zwar nicht entwickelten Anlage gegeben; hier wie dort das „was wir wieder werden sollen," nur auf einer höhern Stufe des Daseins, ein rückwärts liegendes Ideal. Und diese schöne, reine, vollkommene Kinderwelt stürzt, zerfällt in der Beschränkung, dem Zwiespalt, den nothwendigen Kämpfen des Lebens — in jedem Einzelnen, wie sie im geschichtlichen Entwickelungsgange fallen, in seine Schranken und Widersprüche eingehen mußte. Und sie fällt, damit sie „schöner im Busen wieder aufgebaut werde." Dies ist das Allgemeinste. Unmittelbar in unsern Zusammenhang führt dies: wie aus

---

1) Kosmos Bd. II. S. 404.

hellen, frischen Knabenaugen, denen die Welt in klaren Umrissen offen daliegt, schauen auch die Alten die Dinge an; aber ihr Blick ist nicht in das eigene Innere gerichtet, die Welt des Ich liegt verschleiert; und am wenigsten in das verborgene Spiel der Empfindungen, das Weben und Wogen der Gefühle bringt die Reflexion ein. So konnte ihnen nun auch nicht jener sehnende Rückblick, jene Wehmuth eigen sein, in der es dem modernen Menschen „für Augenblicke wohl ansteht das Prärogativ der Vernunft für einen Fluch und ein Uebel zu halten." Und gehen wir noch einen Schritt weiter: jene Kraft zu anthropomorphisiren, wie sie das tiefste Wesen des Alterthums bezeichnet, tritt auch im Kinde hervor. Alle Dinge werden ihm zu einer Schaar von Freunden und Feinden; allen leiht es die Seele; es ist mit ihnen wie auf Du und Du. Noch jetzt sehen wir ein Abbild jenes objectiven, unbewußten Verhaltens zur Natur in den naturnahen Ständen, im Volke der Bauern, Schiffer u. s. w. In Bezug auf diese haben sich die Ansichten umgekehrt. Galt es früher als ein kindliches Vorurtheil, ihnen eine lebendige Theilnahme des Gemüthes an dem wechselnden Leben der Natur, ihren schönen und furchtbaren Erscheinungen beizulegen, so läßt sich jetzt das entgegengesetzte Urtheil als Naivetät in Anspruch nehmen. Die ganze Welt der Sagen und Märchen auch unseres Volkes ist ein objectiver Niederschlag jener Naturbegeisterung, des sympathetischen Mit-Leidens und Sich-Freuens mit der Natur; zum handgreiflichen Beweise, daß es sich hier nicht sowohl um die Verschiedenheit des nationalen Characters als der geistigen Bildungsstufen handelt.

Nach diesen Bemerkungen leuchtet es ein, weshalb in der antiken Literatur seltener, als es uns geläufig ist, die Freude an der Natur zum bewußten Ausdruck kommt. Pazschke bemerkt (S. 3) gegen Humboldt: „es scheine nicht erlaubt, andere Manifestationen des griechischen Geistes zu vermuthen, als in der Poesie und Kunst vor uns liegen." Soll dies heißen (und nach dem Zusammenhange bietet sich ein anderer Sinn nicht dar), daß die Alten allen Empfindungen des bewegten Herzens auch unmittelbaren Ausdruck geliehen hätten, so ist damit das eigenste Wesen des Alterthums verkannt. Nichts lag ja weniger, wir sahen es, in seiner Natur, als auf betrachtender Warte über dem eigenen Innern zu stehen. Mit einem Worte Vischers Aesth. Bd. II. § 350: das unendlich Eigene der Individualität kann und darf sich noch nicht in die Tiefe ausbilden; es ist noch nicht interessant, noch nicht berechtigt; es ist da nur als ein flüssiges Moment u. s. w.

Die subjectivsten Empfindungen, die bei jedem eine andere Färbung haben, die sich nicht deutlich darstellen, oft nur durch das Bild von einem Bilde andeuten lassen, stiegen gar nicht in das Bewußtsein des antiken Menschen empor, oder wo es geschah, erhielten sie am seltensten ein dauerndes Denkmal in der Schrift. Zu ihnen gehören aber, wenn irgend etwas, die formlosen, verschwimmenden Eindrücke landschaftlicher Natur. Dies steht nun im vollen Gegensatze zu dem Verfahren der Neueren, die so oft den Sisyphusstein wälzen, indem sie sich abmühen, das Unsagbare in Worte zu fassen. Was schien denn den Alten würdig, es in die Oeffentlichkeit hinauszustellen? Doch sicher das, was allen gemeinsam und verständlich war, was die großen Interessen des objectiven und öffentlichen Lebens betraf. Ein schöner Beleg für diese Objectivität des antiken Menschen ist die Verborgenheit, in der ein Thucydides hinter seinem Werke steht. Und doch war sein Leben auf das Engste in die Geschicke des Vaterlandes, welche er schildert, verflochten. Bei ihm bedarf es nicht der Versicherung, sine ira et studio zu schreiben, gegen welche das subjective Pathos des Tacitus uns bedenklich macht. — Es genügte auch nicht das Streben nach einer klaren und durchsichtigen Form, bei dem wir uns so oft in der modernen Poesie bescheiden müssen. So blieb es den Alten fremd, überall originell sein zu wollen und die flüchtig vorübereilenden Stimmungen, die dunkeln Empfindungen in das Bewußtsein und die Darstellung zu zerren, als handele es sich um das wichtigste Kleinod des Gemüthes. J. Burckhardt sagt sehr treffend, wo er von der „Entdeckung der landschaftlichen Schönheit" zur Zeit der Renaissance in Italien spricht (S. 302): „Beschauliche Dialogenschreiber und Epistolographen können viel eher eine Quelle für das wachsende Naturgefühl sein als Dichter." Für die spätere Literatur können wir die Romane, die Memoiren und Reisebeschreibungen hinzufügen. Die gemächliche Breite des Romans, der Lebensbeschreibung, zumal der Selbstbiographie, zeigen sich der empfindungsvollen Naturschilderung am günstigsten; und darin sind sie auf das schärfste von den Volksepen verschieden, die sich nicht in die Tiefen des subjectiven Geistes versenken. Gerade diese Literaturgattungen nun blieben dem Alterthum als solchem, und zumal dem griechischen, fremd oder standen in den ersten Anfängen. Sie erklären sich aus der ganz veränderten Stellung des modernen Subjects, das seinen Werth für sich als individuelle Persönlichkeit in Anspruch nimmt und selbst im Gegensatze zu den übergreifenden, allgemeinen Mächten zu finden meint, ja, gerade in dem, was dasselbe von anderen unter=

scheidet. Es läßt sich nicht leugnen, ein wesentlich verändertes Bild müßten wir von den antiken Völkern gewinnen, wäre es möglich, so in das ganze innere Leben der Einzelnen bei ihnen hineinzusehen, wie das bei so vielen aus neuerer Zeit uns möglich ist. Von diesem Gesichtspuncte aus ist es geeignet, den hohen Sinn der Alten für die Schönheit der Natur in das hellste Licht zu setzen, wenn wir ihre Literatur mit derjenigen der germanischen Völker im Mittelalter vergleichen, da man diesen, und mit Recht, immer eine große Befähigung für die Empfindung der Landschaft beigelegt hat. Zunächst kann kein Zweifel sein, daß viel sichtbarer, öfter, energischer die Freude an der Schönheit und Größe der Natur in den griechischen Volksepen laut wird als in den altdeutschen Heldengedichten. Aus diesen ließe sich nur eine sehr geringe Anzahl von Stellen ausheben, welche die Freude an der blumigen Haide, an dem lieblichen Wettgesang der Vögel und dergl. verrathen. In welchem Glanze erscheinen da nicht die wunderbaren Gleichnisse des Homer, welche die Natur mit so erschreckender Wahrheit und so tiefem Gefühle darstellen, ganz zu geschweigen von den reflectirteren römischen Epikern. — Wie selten in den Prosaschriften des Mittelalters ein Wohlgefallen an großartiger oder anmuthiger Landschaft sich äußert, ist bekannt. Was nun endlich die lyrische Poesie, die Minnesänger betrifft, so zeigen sie, wie J. Burckhardt gut bemerkt, „das stärkste Mitleben in den einfachsten Erscheinungen, als da sind der Frühling und seine Blumen, die grüne Haide und der Wald. Aber es ist lauter Vordergrund ohne Ferne." (S. 293.) Daneben ist auf die Einförmigkeit, die Wiederkehr immer derselben Gedanken hinzuweisen. Dies könnte Wunder nehmen um so mehr, weil in dieser Epoche doch sonst die Unendlichkeit der innern Welt zum Bewußtsein durchzubrechen beginnt. Indessen wir sind weit entfernt, hieraus einen Schluß zu Gunsten des antiken Natursinnes ziehen zu wollen. Ja, meint man, in dem germanischen Naturell scheine ursprünglich dennoch eine innigere Hinneigung zum stillen Leben der Natur gepflanzt zu sein, wer wollte oder könnte dagegen streiten. Nur bedenke man, auf welch dunkeles Gebiet man sich mit solchen Annahmen begiebt. Wer kann Rechnung darüber führen, ob die größere ursprüngliche Mitgift der Natur oder die geschichtliche Erziehung und die günstigere Stellung in der Geistesentwickelung der Menschheit mehr für die glückliche Entfaltung der besonderen Anlage eines Volkes gewirkt habe?

W. Grimm[1]) sagt mit Recht: „der Sinn für die Natur fehlte den altdeutschen Meistern gewiß nicht; aber sie ließen uns keine anderen Aeußerungen dieses Sinnes als die, welche der Zusammenhang mit geschichtlichen Vorfällen oder mit den Empfindungen erlaubte, die in lyrische Gedichte ausströmten." Gegen die Alten, die sich doch viel weniger unbezeugt gelassen haben, ist man nicht so gerecht gewesen. Die antike Lyrik endlich ist voll der zartesten Bilder und Vergleichungen aus der Natur, des naivsten, unmittelbaren Lobes ihrer Anmuth und Schönheit, d. h. die spärlichen und trümmerhaften Reste, die uns, vom Pindar abgesehen, aus dem reichen Schatz griechischer Lieder geblieben sind. Dieselben geben aber doch nur eine Ahnung davon, wie umfassend der Einfluß einer innigen Naturfreude auf diesem Gebiete der Dichtung überhaupt gewesen sein mag. Denn Cäsar (Nr. 62) führt sehr

---

1) Kosmos Bd. II. 33.

richtig aus, wie die Liedersammlungen des spätern Alterthums vorzugsweise einen ethischen, auf das Practische gerichteten Zweck hatten, viel eher in die Lebensweisheit der Alten als in das Gemüth derselben einen Blick eröffnen, und wie die meisten sonstigen Reste gelehrten Notizen ihre Erhaltung verdanken, bei welchen die dichterische Empfindung wenig in Betracht kam.

Nun hat man von vermittelnder Seite einen eigenthümlichen Ausweg betreten. Schnaase[1]), dem andere gefolgt sind (Cäsar Nr. 64), spricht den Alten eine warme Hingebung an die Natur nicht ab. Er meint, sie hätten das Einzelne derselben mit Liebe und Schärfe erfaßt, aber sie hätten es nicht vermocht, aus den Einzelheiten ein Bild des Ganzen zu erlangen; der Sinn für die Einheit, die Harmonie der Landschaft habe ihnen gemangelt. Dies ist nun freilich mit der einen Hand geben und mit der andern wieder nehmen.

Diese Ansicht kann zwar durch folgende Betrachtung gestützt werden. Es giebt offenbar für die Dinge, welche ein Vorwurf der Kunst werden können, eine Stufenfolge bezüglich der Deutlichkeit, Bestimmtheit, Nothwendigkeit der Formen. Obenan steht natürlich die menschliche Gestalt, welche die genannten Vorzüge in der idealsten Weise in sich vereinigt. Hier tritt dem Ich sein fertiges Gegenbild im Kunstwerk entgegen; es ist Fleisch von seinem Fleische; die Wege der Empfindung sind jederzeit offen und gebahnt; äußerlich der Form, innerlich dem Gedanken nach ist hier alles klar umschrieben und ausgesprochen. Es würde das Reich der thierischen Bil-

---

1) Geschichte der bildenden Künste. II. S. 129 ff., bei Bernhardy, griech. Literat. I. S. 162. Das Werk selber war uns leider nicht zur Hand.

dungen folgen, während die Pflanzen und noch mehr die Massen der elementaren Natur in's Unbestimmbare, Grenzenlose, Verschwimmende und für das plastisch gebildete Auge Zufällige sich verlieren. Je deutlicher ferner, je besser in einem Blick überschaubar und zusammengefaßt ein schöner Gegenstand sich darstellt, eine desto klarere und bestimmtere Empfindung wird ihm begegnen, desto sicherer wird er bei allen Beschauern ein ähnlich gestimmtes Gefühl hervorrufen. Wird nun vorzugsweise eine plastische Begabung den Alten beigelegt, so ist es auch nicht zu leugnen, daß dieselben mehr zur Würdigung menschlicher und thierischer Schönheit befähigt sein mußten, als für die Empfindungen der zufälligen, verschwimmenden, in's Weite und Unabsehbare sich verlierenden Formen der Landschaft. Diese will nicht mit dem „tastenden Auge" betrachtet werden. Sie fordert die ganze Intensität der Empfindung heraus; sie wird weniger durch klare Vorstellungen belebt, als durch den immer neuen Erguß dunkeler Gefühle. Das immer bewegte Meer derselben verändert jeden Augenblick nach dem Licht der Eindrücke, die es empfängt, sein Antlitz; es ist ein Weben, Drängen, Schwellen der Empfindung, das so unbestimmt und formlos ist, wie sein Object. Behauptet man nun so viel, daß die Griechen (ohne daß man sie mit anderen vergleicht) nach Maßgabe der mehr oder minder plastisch entwickelten Form der Dinge auch mehr oder minder von ihnen angesprochen worden seien, so steht man im Recht; schlägt man aber deshalb ihre Befähigung für die Empfindung der Pflanzenwelt, der landschaftlichen Formen, gering an, setzt sie gegen die anderer Völker herab oder leugnet sie gar weg, weil die Alten für etwas anderes im höheren Grade organisirt waren, so hat man über das Ziel weggeschossen. Zu solchen

Erklärungen mochte man dadurch geführt werden, daß wir freilich ausführlichen Schilderungen eines landschaftlichen Ganzen am seltensten bei den Alten begegnen. Aber der tiefere Grund davon ist nach dem Obigen nicht mehr verborgen. Im Verlaufe unserer Untersuchung werden wir vieles anzuführen haben, was deutlich den starken Eindruck verräth, welchen die Anmuth und Schönheit der Gegend auf die Alten machte.

Gilt es nun, die Naturempfindung derselben nach der positiven Seite näher zu bestimmen, so erwäge man zunächst Folgendes. Wie ihre ganze Seele einheitlicher, harmonischer gestimmt war, als die des modernen Menschen, wie vor allem jene Selbstbeschäftigung, die bewußtermaßen unter den Empfindungen scheidet, sie trennt, am wenigsten ihre Sache war, so mag der rein-ästhetische Genuß, die bloß von der Schönheit und Vollendung der Form erweckte Begeisterung bei ihnen eine seltnere Erscheinung gewesen sein, als man nach der heutigen Richtung der Geister wohl anzunehmen geneigt wäre. Wir meinen, daß bei den Alten die verschiedensten Empfindungen in ganz anderem Grade, als es uns eigen ist, nur in und miteinander, unlöslich verbunden, erscheinen. Viel mehr als es in dem reflectirten Bewußtsein, den unnatürlichen Zuständen unserer Zeit möglich ist, mischte sich überall patriotisches Feuer, religiöser Schauer ein; auch der Nutzen und das practische Interesse wurden der Schönheit nicht wie ein Fremdes entgegengesetzt; der ganze Farbenkreis der Empfindungen spielte zu der einzigsten Begeisterung zusammen. Man bedenke, wie die Griechen beim Anblick des olympischen Zeus von Phidias, die Athener beim Bilde ihrer Stadtgöttin empfunden haben mögen, und wie ganz anderer Natur das

Gefühl sein muß, mit dem wir die Werke der Kunst betrachten. Denn die antike Kunst hatte das unendlich glückliche Geschick, immer nur aus dem frischen Born des Volkslebens schöpfen zu dürfen; nur der höchste nationale und religiöse Gehalt, der als solcher schon die Gemüther gefesselt hielt, konnte ihr Vorwurf sein. Wenden wir dies auf die Empfindung der Natur bei den Alten an, so ist klar, daß dieselben nicht allein und für sich von der Schönheit und Größe der ästhetischen Formen derselben ergriffen waren, so daß geflissentlich alle Beziehungen der Utilität und der Wohlthätigkeit für das Leben zurückgeschoben wurden, wie es uns geläufig ist. Dazu kommt, daß überall in die Betrachtung der Natur ein religiöses Gefühl sich mischte. Die Welt war ja numinis plena, durchwaltet von allgegenwärtigen dämonischen Mächten. Man hatte noch nicht verlernt, die Natur als die allgebärende, all= erhaltende Mutter des Lebens zu betrachten. Sie war eben ἓν καὶ πᾶν, und so entsprach ihr eine gleiche Allseitigkeit der Empfindungen. Mit einem schönen Worte Schillers zu reden (Ueber Anmuth und Würde): „dem Griechen ist die Natur nicht bloß Natur. — — — Natur und Sinnlichkeit, Materie und Geist, Erde und Himmel fließen wunderbar schön in seinen Dichtungen zusammen." Durch diese noth= wendige Verknüpfung der Empfindungen im antiken Menschen und dadurch, daß die Bezüge der Natur auf unmittelbare Förderung oder Hemmung des Lebens viel leichter in's Be= wußtsein und die Rede treten, als die nicht so ungestümen, geheimern Eindrücke auf das Gemüth und den Schönheitssinn, ist man bis zur gröbsten Verkennung des antiken Naturge= fühls fortgeschritten.

Paßschke bemerkt S. 28 (zur Schilderung der Cyclopen=

insel in der Odyssee 9. 116 folg.): es sei da eben nur ein practisches Interesse vorhanden. Der Hain ist lieblich, weil er Schatten giebt, und das Flußufer wegen des weichen Lagers. Daneben sogar die platte Bemerkung: selbst der Aether und das Meer seien bei Homer „$ἀτρύγετος$"; als hieße das eben nur soviel: von ihnen ist leider nichts zu erndten! Also in Ermangelung weicher Kissen finden die Alten auch das liebliche Lager, das die Natur uns bettet, ganz gemüthlich! Von der Poesie, da „so tief in's Gras hineinzuliegen," empfinden sie natürlich gar nichts! Der Waldschatten war eben ein guter Schirm gegen die zu lästigen Sonnenstrahlen, und den Wanderer interessirt die Quelle nur, wenn er durstig ist, oder weil er wieder durstig werden kann. O fons Bandusiae, splendidior vitro! Von dem ahnungsvollen Dunkel des Waldes, von all dem Flüstern und Rauschen, von der heiligen Stimmung des Haines vernimmt ihr Herz nichts; denn Hr. Pazschke belehrt uns (S. 9): die schweifenden Gefühle, die beim Eintritt in den Hain erwachen, haben sich alle in die Person der Gottheit gesammelt, wie auch aus den rauschenden Blättern der Eiche eben nur der Wille des Zeus und nichts Anderes vernommen werde. O über die modernen Pharisäer, die gefühlvoller sind als andere Menschen! Gottlob! kannten die Alten jenen raffinirten Genuß nicht, der die Natur, wie sie wirklich ist, zu sehen nicht ertragen kann, sondern wie ein Bild in der Gemäldegallerie, durch das Augenglas; den es schon stört, bei der Betrachtung der Naturschönheit an die liebreiche Befriedigung menschlichen Bedürfens erinnert zu werden.

Wer die Natur immer nur auf ihren ästhetischen Gehalt ansieht, thut ihr gleichsam Unrecht: denn ihr immanenter

Zweck ist nicht die Schönheit. Die Natur ist schön und häßlich, nützlich und schädlich, anmuthig und furchtbar; „sie ist alles mit einem Male"; sie ist der geheimnißvolle Proteus, der alle Gestalten in sich birgt. Und so wie sie ist, ohne zu trennen und zu scheiden, genießt sie der Grieche; so wirft sie ihr Bild in den klaren Spiegel seines jugendfrischen Geistes.

Wir kommen nun an das wichtigste Argument, dessen sich diejenigen bedient haben, welche den Alten ein inniges Gefühl für die Schönheit der Natur absprechen.

Betrachten wir nämlich die Mythologie der classischen Völker nach ihrem ursprünglichen Gehalt, nach ihrer Genesis, so scheint in derselben schon die vollgültigste Beantwortung unserer ganzen Frage enthalten zu sein. Vischer sagt schön von der Naturreligion überhaupt: sie sei ein Augenaufschlagen über die großen Naturwunder. Einzig steht in dieser Richtung aber die antike Mythologie da. Alles in ihr ist von der lebendigsten Naturbegeisterung eingegeben. Sie ist von einer Klarheit der gestaltenden Kraft, einer Macht und Tiefe der Poesie, von der Innigkeit einer sympathetischen Empfindung erzeugt, denen nichts in der Welt zu vergleichen ist. Und doch gerade hier ist es, wo die gegnerische Ansicht eingesetzt hat, mit einem Theile des Rechts und einem größeren Anschein desselben. Man hat gesagt, indem die Alten die Natur in allen ihren Erscheinungen und Gebilden personificirten, indem sie derselben überall den Menschen unterlegten, rückten sie dieselbe aus ihrer eigenthümlichen Sphäre hinaus; ihre stille Nothwendigkeit sei in das freie Spiel der Thaten, ihre Einfachheit und Einfalt in die wechselnden Erscheinungen und Widersprüche des Geisteslebens aufgelöst worden; ihre einsame Größe werde in dieser Analogie aufgehoben. „Der

Gott sog die Landschaft in sich auf." Nur das Menschliche der so umgebildeten Natur hätten sie empfunden, den Flußgott statt des Flusses gesehen und im Baum die Dryade. Nun ist leicht einzusehen, in welche Schwierigkeiten sich diese Ansicht verwickelt. Einem Volke, das in den Ursprüngen seiner Religion und Mythologie die Natur auf die congenialste Weise erfaßt und vielleicht im höheren Grade als irgend ein anderes einen der Natur zugewandten Sinn bewiesen hat, sollen im Verlaufe der Zeit jene so überaus mächtigen und zarten Empfindungen, jener feine Sinn vollständig abhanden gekommen sein; ja unmittelbar dadurch, daß in ihm durch die Natur eine so hohe Begeisterung erweckt wurde, soll sich jenes Vermögen verloren haben. Denn die Geburt aller jener Natur=Gottheiten und =Mythen soll zugleich der Tod der Mutter, einer tiefen Empfindung für die Natur gewesen sein. — Nun ist freilich zuzugeben, daß den Griechen zur Zeit ihrer höchsten Blüthe, ja schon zur Zeit Homers die ursprüngliche Naturbedeutung ihrer Götter und Sagen entschwunden war. Den Göttern war ja Liebe und Haß nicht symbolisch, und ihre Thaten und Leiden wurden als wirkliche angeschaut. In der geistigen Fortentwickelung des Alterthums und je mehr die Mythologie in die „Erstarrung eines gereiften Systemes" einging, ward auch immer entschiedener das ethische Moment in den Göttern betont, und die Persönlichkeit derselben als höher gearteter, idealer Menschen zur Wahrheit. Nur übersehe man schon hier nicht, daß zwischen dem Gott und dem Element oder der Erscheinung der Natur, welchen er vorstand, noch viele Fäden des Zusammenhangs hinüber und herüber liefen, wie das aus Cultus, Sitte und so mancher Sage, die ihre Durchsichtigkeit nicht verloren hatte, zu erweisen ist. Der antiken Empfindung mochte die Einheit beider doch nicht so sehr verloren gegangen sein, als es uns auf dem Standpuncte der in's tiefste vollzogenen Trennung von Menschlichem und Natürlichem erscheinen mag. Uns können freilich jene Göttergestalten nur wie eine äußerliche und zufällige Staffage vorkommen, wofür die Stelle aus den Lusiaden bei Humboldt Kosm. II S. 122 sehr bezeichnend ist. Thetys gesteht hier naiv genug, daß sie selbst und aller Götter Schaar eitle Fabeleien sind und nur dienen, dem Liebe Reiz zu geben.

Wichtiger ist, daß offenbar die Gottheit in demselben Maße, als sie zur wirklichen Person wurde, sie sich von der Landschaft ablöste, und je mehr und mehr die Naturbasis in ihr durch die ethische Bedeutung verdunkelt wurde, sie die Natur, so zu sagen, frei hinter sich zurückließ für immer neuen Genuß. — Es ist ferner sehr richtig von Cäsar (Nr. 61) darauf hingewiesen worden, daß die dämonische Beseelung, die geheimnißvoll waltenden Mächte der Natur, welche jener Drang zur anthropomorphischen Gestaltung nur leichthin berührt hatte, in denen jener Proceß auf mittlerem Wege gleichsam stehen geblieben war, ein deutlicherer Beweis für die Innigkeit und Tiefe der Naturempfindung bei den Griechen seien, als das Reich der olympischen Götter. Es ist für sich klar, daß hierüber die Quellen sehr spärlich fließen. Es sind die localen Dienste und die an bestimmte Oertlichkeiten gebundenen Sagen, auf welche wir hier verwiesen werden, sowie die Gestalten und Culte einiger bedeutenderen, zumal dem Erdenleben angehörigen Gottheiten wie Demeter, Persephone, Bacchus, in denen die ursprüngliche Bedeutung für das Volksbewußtsein nie völlig verdunkelt wurde, an welche leicht und frei das lebendigste Naturgefühl immer anknüpfte. Zudem blieb die Stimmung, welche sie eingegeben hatte, in den schönsten griechischen Naturmärchen zu jeder Zeit gegenwärtig. Hier sind Sagen wie die von Adonis, Linos, Hyakinthos, Hylas, Procne und Philomele, Narciß, kurz die ganze Reihe der Metamorphosen zu nennen, welche durch den Witz einer spätern Zeit, besonders durch Ovid, viel von ihrer einfachen, ursprünglichen Schönheit verloren. Hegel[1]) stellt über diese Verwandelungen eine Ansicht auf, die wohl der Modification bedarf. Er sieht in den Metamorphosen eine Degradation, eine Strafe; es ist die Existenz des Ungöttlichen, die Schmerzgestaltung, in der sich das Menschliche nicht mehr zu halten vermag; eine Wanderung durch Schuld. Oder wo Götter fremde Gestalten annehmen, ein Ausdruck der unfeinen, natürlichen, nicht geistigen Absichten. Zunächst schon trifft diese Ansicht nicht auf die Versetzungen an den Himmel, die Verwandelung in Sterne zu. Diese wird öfters als eine Belohnung, Verherrlichung dargestellt. Aber auch manche Metamorphosen in Pflanzen oder Gebilde der elementaren Natur machen ganz den Eindruck, als werde in ihnen ein Glück gesehen für das arme, vom Schicksal verfolgte Menschenwesen, das den großen Schmerz nicht mehr trägt. Da verleihen denn die Götter mitleidig die Flucht in die stille, wehmüthige Ruhe des vegetabilischen Lebens, in ein sinnendes, träumendes, doch ehrenvolles Dasein.

Für die abstractere römische Religion, in der die Gestalt der Gottheit immer viel flüssiger blieb und sich nicht zu der vollen Persönlichkeit verfestigte, wie bei den Griechen, ist jene

---

1) Vorlesung. über die Aesth. Th. II S. 30—37.

dämonische Beseelung der Natur besonders bezeichnend. Hier ist nicht die freundlich heitere Menschennähe der griechischen Götterwelt. Die Gottheit ist geheimnißvoll, fremdartig; durch die Natur geht es wie ein Weben und Fluthen unpersönlichen Geistes; sie ist voller Ahnung des Göttlichen, das aber keinen bestimmten Leib, keine feste Gestaltung findet. Man denke hiebei an den Cultus der Bäume und Quellen, an die große Bedeutung der namenlosen, überall gegenwärtigen numina, der Geister des Waldes und der Berge. Ov. Fast. Lib. III. 295 ff. Lucus Aventino superat niger ilicis umbra, Quo posses viso dicere: numen inest. Ov. Metam. III. 295. numina montis adorant. Amor. III. 1. 1.

> Stat vetus et multos incaedua silva per annos.
> Credibile est illi numen inesse loco.

Vergl. Senec. Ep. 41. Tibull. I. 1. 11.

Besonders gut leiht Lucanus in der schaurigen Schilderung des Druidenwaldes der hier beschriebenen Stimmung Worte. Pharsal. III. 400 ff.:

> (Lucus erat longo nunquam violatus ab aevo,
> obscurum cingens connexis aëra ramis,
> et gelidas alte summotis solibus umbras.
> — — —
> arboribus suus horror inest. — —
> — — — medio cum Phoebus in axe est,
> aut coelum nox atra tenet, pavet ipse sacerdos
> accessus, dominumque timet deprehendere luci.)

Und bedeutungsvoll nach dieser Richtung ist der bei Preller röm. Mythol. S. 99 gegebene Beleg von oblucuviasse in dem Sinne von mente errasse, und in anderer Weise wieder das schöne Wort des Quintilian X. 1. 88. über den Ennius:

> Ennium sicut sacros vetustate lucos adoremus.

So ganz fremdartig konnte den Römern auch sicher nicht erscheinen, was Tacitus von den Germanen erzählt:

> lucos ac nemora consecrant, deorumque nominibus appellant secretum illud, quod sola reverentia vident. Germ. 9 vergl. 39: silva prisca formidine sacra.

Wir bedienen uns der Worte Prellers (röm. Mythol. S. 95): „Die Alten hatten weit mehr Sinn als wir Neueren für das Dämonische in der Natur, wie es sich in der Stille des Haines, zwischen ragenden Bergen, an murmelnden Quellen offenbart und auf jedes empfängliche Gemüth mächtig wirkt. Da hörten sie vernehmbarer als sonst die Stimme der Gottheit, und selten blieb eine Stätte der Art ohne religiöse Weihe." In diesem Zusammenhange ist an die Bedeutung des genius loci zu erinnern. Preller sagt schön S. 570: „Vollends in der freien Natur, wo ein heimlicher Platz liebe Erinnerungen weckt, eine schöne oder erhabene Aussicht die Seele beschwingt, eine fruchtbare Trift oder ein wohlbestellter Acker die Vorstellung göttlichen Segens erregt, liebte man es sehr durch einen einfachen Altar und das Bild einer Schlange an die höhere Ursache und die verborgene Seele des Orts zu erinnern."

Liegt die hier bezeichnete Empfindung der Natur dem modernen Gefühl näher, so ist doch auch aus dem ausgebildetsten Anthropomorphismus nicht zu erweisen, daß nicht neben demselben ein offener Sinn für die unmittelbare und eigenthümliche Schönheit der Natur habe einhergehen und aus jener früheren Zeit der Mythenbildung sich erhalten können. Hat man nun gesagt, gerade jene Umbildung in das Menschliche zeige, daß das Eigenste der Natur verkannt werde, so kann das doch nur für die Zeit eine Wahrheit haben, in der, objectiv wie subjectiv genommen, Natur und Mensch in einen durchgreifenden Zwiespalt eingetreten sind. Die genannte Beweisführung leidet aber daran, daß sie in die antike Lebensform einen Derselben ganz fremden Dualismus hineinträgt. Im Alterthum war ja die Natur in der Menschheit noch nicht verloren; ihr heiliges Maß, ihr göttlicher Frieden, ihre schöne Einfalt walteten auch in den Gemüthern. Durch ein solches Herüberziehen der Natur in die Kreise der Menschheit konnte das innerste Wesen derselben nicht verletzt werden in einer Zeit, von welcher der Dichter sagt, es habe

„Noch der Nothwendigkeit stilles Gesetz, das stätige, gleiche
auch der menschlichen Brust freiere Welten bewegt;

noch nicht vermessene Willkühr der getreuen Natur göttlichen Frieden gestört."

Ueberhaupt ist mit einer Argumentation, die sich auf die Personificirung der Natur stützt, nichts im besonderen gegen die Alten gesagt. Alle Naturvölker stehen hier ja unter dem gleichen Spruche. Man denke an die Mythologie der germanischen Völker, welche erst von außen her durch die reflectirte Innerlichkeit des christlichen Principes zurückgedrängt wurde und allmählich abstarb. Auch im Mittelalter sind die Götter keineswegs aus der Natur verschwunden: es ist eine „verbleichte, schattenhafte, geisterhaft gewordene Vielgötterei." (Vischer.) J. Grimm sagt von der alten Poesie überhaupt: sie betrachte das Naturleben gern mit menschlichem Auge. Man sieht, der Gegensatz ist nicht in andern Völkern, sondern in der reflectirten Bildung des modernen Bewußtseins zu suchen.

Aber auch weiter, die unbeseelte Natur als solche zieht das Gemüth gar nicht an; wie Schiller dies einmal ausdrückt, muß dieselbe erst, wie in Pygmalions Armen der Stein, an unserer Brust erwarmen; wir müssen die eigene Seele in sie ergießen, und überall, wo sie in ihrer Größe und Schönheit der Empfindung nahe tritt, „ahnen wir in Quellen, Bergen, Sternen, Meer und Himmel schlagende Herzen." Was auf den Menschen hindeutet und die höhere Sphäre des Geisteslebens gleichsam vorbildet, ist und bleibt für die gemüthvolle Betrachtung das Höchste in der Natur; die Aesthetik kennt dieselbe nur unter diesem Gesichtspunkt. — Nun ist freilich ein Unterschied; auch uns lächelt die Flur, flüstert der Wald, zürnt das Meer, droht der Fels, trauert die Esche. Aber es wird mit dieser Unterlegung kein Ernst gemacht; sie bleibt als solche dem Bewußtsein nicht verborgen. Es entstehen aus diesem Leihen menschlicher Züge keine objective, bleibende Gestalten; dasselbe ist wie das immer wieder aufgelöste Band der Penelope; es bleibt immer wirklicher und unmittelbarer Naturgenuß. Nicht so ist es in der ausgebildeten anthropomorphischen Göttergestalt der Alten. Wie indeß die mythologische Entwickelung keineswegs durchweg bis zu dieser fortschritt, wurde oben erinnert; wo es aber geschah, war eben dem Gemüthe die Freiheit immer frischen Naturgenusses wiedergegeben in demselben Maße, als im Gott, im Mythus die ursprüngliche Bedeutung vergessen war.

Aus der ganzen bisherigen Entwickelung geht hervor, daß der Naturgenuß der Alten ungesucht und reflexionslos war.

Es gilt nunmehr nachzuweisen, in welcher Art denn die innige Theilnahme, die lebhafte Freude an der Natur auch in den Schriften der Alten hervortritt, wenn es doch ihre Art nicht war in explicirten Schilderungen der Landschaft sich zu ergehen und ihrer Empfindung den bewußten Ausdruck zu leihen.

Auf Einiges weisen wir wie im Vorübergehen hin.

Schon die Etymologie derjenigen Wörter, welche Naturgebilde oder -Erscheinungen bezeichnen, möchte eine hohe Ansicht von der sinnvollen Auffassung derselben durch die Alten ergeben: sinnvoll in der von Hegel treffend aufgewiesenen entgegengesetzten Bedeutung des Wortes. Denn es bezeichnet sowohl den Gedanken, das Allgemeine, als auch die individuelle, unmittelbare Auffassung. Die sinnvolle Betrachtung ergreift im sinnlichen, unmittelbaren Anschauen zugleich das Wesen der Sache. Aber sie trägt den Begriff in der Ahnung und nicht im Bewußtsein. Daneben wäre auf den überaus reichen Wortschatz der griechischen Sprache für die Gegenstände der Natur z. B. für das Meer und seine Erscheinungen und auf die feine Abstufung der Ausdrücke hinzudeuten. Eine eingehendere Untersuchung müßten wir der Sache Kundigeren überlassen. Sie würde über die Grenzen unserer Arbeit hinausführen; einige wenige Beispiele zu nennen hätte nichts Beweisendes. Auch über den folgenden Punct gehen wir kurz hinweg. Wir meinen die häufigen Analogien von Naturvorgängen und Erscheinungen des geistigen und sittlichen Lebens, wie sie selbst in den engen Rahmen eines Wortes gefaßt sind, und die schönen Uebertragungen von Formen der menschlichen Gestalt auf die der landschaftlichen Natur. Als ein treffliches Beispiel der ersten Art nennen wir das Wort $\pi o \varrho \varphi \acute{v} \varrho \varepsilon \iota \nu$, das von dem rastlosen Gewoge des Meeres auf die tiefe Aufregung des Gemüthes, die wilde Jagd der Gedanken übertragen wird. Weit ausgeführt finden wir das Bild Virg. Aen. VIII. 18—25. Vergl. XII. 831:

Irarum tantos volvis sub pectore fluctus?

Als eine ungemein glückliche Uebertragung der zweiten

Art stehe hier das schöne „ὀφρύς", welches unvergleichlich das hohe Meeresgestade bezeichnet (obschon es ohne den Bezug auf das Wasser den ausschauenden Hügelrand auch überhaupt bedeutet). Novalis nennt einmal das Wasser das Auge der Landschaft. Hier wäre diese Vorstellung noch weiter verfolgt; es blickt aus den plastischen Umrissen des Ufers wie aus den Brauen hervor. Dies als Eines von Vielem.

Auch in dem Folgenden können wir nur andeutungsweise verfahren. Es erscheint in den alten Dichtern als stehende Gewohnheit, den Namen der-Länder, Berge, Meere und häufig auch der Städte Epitheta beizulegen, die sich auf den Character der Landschaft beziehen und treffend die Eigenthümlichkeit des Locales hervorheben. Belege halten wir hier für unnütz. Besonders reich an solchen landschaftlichen Beziehungen sind die Hymni Hom. und die Orphischen Gesänge. Daneben fehlt es natürlich nicht an Stellen, wo die Landschaft geradezu als schön und lieblich gepriesen wird, wie bei Archilochos Frg. 18 (Bergk, poet. lyr. Graeci), wo die Gegend um Siris als καλός, ἐπίμερος, ἐρατός genannt wird. Hiezu kommt, daß die neuere Etymologie in so vielen Ortsnamen die treffendsten landschaftlichen Beziehungen nachgewiesen hat, die freilich in den selteneren Fällen, wie etwa in Callipeuce Liv. XLIV. 5 immer verständlich bleiben. Merkwürdig ist in dieser Richtung eine andere Stelle des Livius (XXXII. 4.). Hier wird die eigenthümliche Lage der Stadt Thaumaci geschildert:

Thaumaci — — alto loco siti sunt, ispis faucibus imminentes, quas Coela vocant; Thessaliaeque transeunti confragosa loca implicatasque flexibus vallium vias, ubi ventum ad hanc urbem est, velut maris vasti, sic immensa panditur planities, ut subjectos campos terminare oculis haud facile queas. Und dann wird hinzugesetzt: ab eo miraculo Thaumaci appellati [1]).

Hieran läßt sich eine Landschaftsschilderung bloß durch Götternamen schließen. Solche Namengemälde, wie sie z. B. Il. XVIII. 39—48. Hesiod. Th. 235—264. und an vielen andern Orten erscheinen, mögen uns zunächst wie ein frostiges Nebenwerk vorkommen. Sieht man aber diese Namen sich näher an, so wird klar, daß in den wenigsten von ihnen die Naturbedeutung so weit verdunkelt war, daß nicht leicht und frei der innige Bezug auf die Landschaft hervorsprang. In der Hesiodischen Stelle (vergl. Preller griech. Mythol. I. 433.) finden sich mit andern zusammengereiht: Windstille und glänzender Farbenschimmer ($\Gamma\alpha\lambda\acute{\eta}\nu\eta$ und $\Gamma\lambda\alpha\acute{\iota}\varkappa\eta$), Wogenschnelle und bergende Grotte ($K\nu\mu o\vartheta o\acute{\eta}$ und $\Sigma\pi\varepsilon\iota\acute{\omega}$), flinkes Wellenspiel und anmuthige Strömung ($\Theta\acute{o}\eta$ und $'A\lambda\acute{\iota}\eta\ \grave{\varepsilon}\varrho\acute{o}\varepsilon\sigma\sigma\alpha$), sanftes Tragen und mächtiger Andrang ($\Phi\acute{\varepsilon}\varrho o\nu\sigma\alpha$ und $\varDelta\nu\nu\alpha\mu\acute{\varepsilon}\nu\eta$); ferner die liebliche Bucht ($E\dot{\nu}\lambda\iota\mu\acute{\varepsilon}\nu\eta$), das Wellengeflüster und die ringsumflossene Insel ($N\eta\sigma\alpha\acute{\iota}\eta$, $'A\varkappa\tau\alpha\acute{\iota}\eta$), die weite spiegelnde Fläche des Meeres ($\Pi\alpha\nu\acute{o}\pi\eta$), die stürmische Schnelligkeit der Wogen ($'I\pi\pi o\vartheta\acute{o}\eta$; auch bei Homer sind ja die Wellen $\dot{\alpha}\lambda\grave{o}\varsigma\ \mathring{\iota}\pi\pi o\iota$); und endlich auf den san=

---

1) Aus den häufigen und eingehenden Beschreibungen von Gegenden im Livius möge eine Stelle aus der Schilderung des herrlichen Tempethales hier Platz finden; dasselbe war wegen seiner Schönheit bei den Alten fast sprüchwörtlich geworden. XLIV. 6. Rupes utrimque ita abscisae sunt, ut despici vix sine vertigine quadam simul oculorum animique possit. Terret et sonitus et altitudo per mediam vallem fluentis Penei amnis. Die Besteigung des Hämus durch König Philipp ward nur aus strategischen Gründen unternommen. Man sollte von der Höhe aus zugleich das adriatische und schwarze Meer, die Donau und die Alpen sehen können. XL. 21 und 22.

bigen Strand, die grünen Triften an der Küste mit den Heerden darauf weisen hin Ψαμάθη, Εὐάρνη, Μενίππη. Noch weiter ließe sich das Bild ausführen. Aehnlich ist es mit den Namen der Quellen und Bäche Theog. 342 ff. Da ist Πειθώ die süßflüsternde, Ἀδμήτη, die ungestüm daherbraust, Ἠλέκτρα die Strahlende, Πρυμνώ, die jäh von der Höhe herabstürzt, Καλυψώ, die durch Buschversteck sich schlängelt; da ist Καλλιρρόη und Ῥόδεια, an deren Ufer Rosen blühen.

Dem Ohr wird hier nicht durch ein leeres Wortgeklingel geschmeichelt; die geistreiche Gruppirung lieblicher Bilder ergötzt die Phantasie. Etwas ganz anderes ist es schon, wenn die Römer diese feine Mosaik anmuthiger Bezüge unberufen nachahmten. Der volle Inhalt dieses heitern Spieles konnte ihnen, auch wo sie des Griechischen kundig waren, nicht so schnell und deutlich in's Bewußtsein treten, und wenn es in ihrer eigenen Sprache auch nicht an solchen sinnvollen Namen wie Aquilo, der auf Adlersfittichen einherstürmende, fehlte, so bot sie zu solcher Ausschmückung des Gedichtes doch weniger Anhalt.

Unvergleichlich spiegelt sich aber in dem Folgenden das Wesen antiker Geistesart.

Was das Herz der Alten ergreift und begeistert, was der stete Genuß, die heitere Freude ihres Lebens ist, das schauen sie in objectiver Weise in den Göttern an; ihnen, deren ursprüngliche Bedeutung im Volksbewußtsein nicht mehr lebendig war, legen sie eine tiefe Sympathie mit der Natur, ein herzliches Wohlgefallen an derselben bei. Was bei ihnen selbst im dunkeln Schooß der Empfindung verborgen blieb, wird hier bewußter, aufgesuchter Genuß, und hier ist es, wo jenes

Naturgefühl, welches die Götter zuerst geschaffen, wieder an's Licht tritt. Von diesem Standpunct erhält so manches, was die homerischen Hymnen uns künden, eine tiefe Bedeutung. Diese alten, ehrwürdigen Gesänge sind merkwürdiger Weise von denen, welche sich mit unserer Frage beschäftigt haben, so gut wie völlig ignorirt worden. Der ganze Gesang auf den Pan ist ein Ausdruck dieses Natursinnes, der sozusagen in den Göttern seiner bewußt wird. So heißt es vom Pan:

— — ὅςτ᾽ ἀνὰ πίση
δενδρήεντ᾽ ἄμυδις φοιτᾷ χοροήθεσι Νύμφαις·
αἵτε κατ᾽ αἰλίλιπος πέτρης στείβουσι κάρηνα.

Sie rufen den Pan,
— ὃς πάντα λόφον νιφόεντα λέλογχεν
καὶ κορυφὰς ὀρέων καὶ πετρήεντα κέλευθα·
φοιτᾷ δ᾽ ἔνθα καὶ ἔνθα διὰ ῥωπήϊα πυκνά,
ἄλλοτε μὲν ῥείθροισιν ἐφελκόμενος μαλακοῖσιν,
ἄλλοτε δ᾽ αὖ πέτρῃσιν ἐν ἠλιβάτοισι διοιχνεῖ,
ἀκροτάτην κορυφὴν μηλόσκοπον εἰσαναβαίνων.
πολλάκι δ᾽ ἀργινόεντα διέδραμεν οὔρεα μακρά.

κ. τ. α.

Auf einem Vasenbilde, welches den Anbruch des Tages darstellt, begrüßt er auf einem Berge stehend den aufgehenden Helios [1]).

Zu vergleichen ist Ov. Fast. II. 272 ff.: Arcadiis plurimus ille jugis etc. und V. 285: Ipse deus velox discurrere gaudet in altis montibus etc. — Hor. Carm. I. 21. 5—9.

Im Hymnus auf die Demeter finden wir die Persephone, wie sie auf sanft schwellendem Rasen Crocus, liebliche Veilchen und Rosen mit den Gespielinnen pflückt; und als nun

---

1) Preller, griech. Mythol. Bd. I. S. 583.

die Erde jene verhängnißvolle Wunderblume sprießen läßt, heißt es:

— — πᾶς τ᾽ οὐρανὸς εὐρὺς ὕπερθεν
γαῖά τε πᾶσ᾽ ἐγέλασσε καὶ ἁλμυρὸν οἶδμα θαλάσσης.

Als Hades sie dann mit den unsterblichen Rossen entführt, wird gesagt:

ὄφρα μὲν οὖν γαῖάν τε καὶ οὐρανὸν ἀστερόεντα
λεῦσσε θεά, καὶ πόντον ἀγάρροον ἰχθυόεντα,
αὐγάς τ᾽ ἠελίου, ἔτι δ᾽ ἤλπετο μητέρα κεδνὴν
ὄψεσθαι καὶ φῦλα θεῶν αἰειγενετάων,
τόφρα οἱ ἐλπὶς ἔθελγε μέγαν νόον ἀχνυμένης περ.
κ. τ. α.

Hierin ist auf das schönste ausgedrückt, wie das heitere Sonnenlicht, der Anblick der Natur überall das Herz mit Trost und Hoffnung erhebt.

So freut sich die Göttermutter (H. 13.) der hallenden Berge und waldigen Thäler, und dem Apollo werden die bezeichnenden Verse gewidmet:

πᾶσαι δὲ σκοπιαί τοι ἅδον καὶ πρώονες ἄκροι
ὑψηλῶν ὀρέων, ποταμοί θ᾽ ἅλαδε προρέοντες,
ἀκταί τ᾽ εἰς ἅλα κεκλιμέναι, λιμένες τε θαλάσσης.
Hymn. in Apoll. 22—25.

Nach seiner Wanderung durch die Lande ersieht er sich die herrliche Gegend bei Krisa für seinen Tempel:

ἷκεο δ᾽ ἐς Κρίσην ὑπὸ Παρνησὸν νιφόεντα,
κνημὸν πρὸς Ζέφυρον τετραμμένον, αὐτὰρ ὕπερθεν
πέτρη ἐπικρέμαται, κοίλη δ᾽ ὑποδέδρομε βῆσσα,
τρηχεῖ᾽ ἔνθα ἄναξ τεκμήρατο Φοῖβος Ἀπόλλων
νηὸν ποιήσασθαι ἐπήρατον, εἶπέ τε μῦθον
ἐνθάδε δὴ φρονέω τεύξειν περικαλλέα νηόν.
κ. τ. α.
V. 282—287. vergl. 243—247.

Der Dichtung entspricht die Wirklichkeit auf das vollkommenste.

Man denke an die überaus herrliche Lage der meisten antiken Tempel, worauf auch Vischer, ein Kenner Griechenlands, hinweist (Aesth. Bd. III. 560.). Als ein Beispiel möge der Tempel der Diana von Aricia (Nemorensis) genannt werden, in der Gegend vom heutigen Nemi an dem lieblichen See, welchen man im Alterthum den Spiegel der Diana nannte.

Die lieblich lauschigen Plätzchen, wie sie so oft in der Anthologie beschrieben sind, werden als die Freude und der bevorzugte Aufenthalt des Eros, Bacchus, der Aphrodite genannt. Dort haben sie sich „immer zu wohnen gelobt;" oder sie haben dem Ort selber den „unsterblichen Glanz" verliehen. Vergl. auch Stellen wie Soph. Oed. Col. 678—81, 690—94, Antig. 1126—1135.

Eine andere Art, wie sich das antike Naturgefühl offenbart, ist in der Dichtung die Harmonie, die tiefempfundene Uebereinstimmung von Handlung und Local; beide sind auf den gleichen Ton gestimmt. Zwar pflegt in der alten Poesie die Bezeichnung des Locals nur kurz, nur andeutend zu sein; aber es ist eine bedeutungsvolle Kürze. Pazschke hat schon richtig darauf hingewiesen, daß wir im Homer die Trauernden, Zürnenden, Betenden gewöhnlich am Gestade des brausenden Meeres finden; ein äußeres Abbild des tief aufgeregten Herzens. Die nimmer rastende Bewegung des Meeres wirkt in ihrer Gleichförmigkeit und Unermeßlichkeit kühlend, beruhigend; der Anblick hebt das Gemüth über sich selber hinaus; es findet seine Ruhe und Freiheit wieder in diesem Bilde der Unendlichkeit.

Pazschke, dessen ganze Untersuchung nur auf der Oberfläche verweilt, hat sich nun aber in der Auslegung der betreffenden Stellen auf komische Weise verirrt. Wenn es Od. V. 156. vom Odysseus bei der Kalypso heißt:

ἤματα δ' ἐν πέτρῃσι καὶ ἠϊόνεσσι καθίζων,
πόντον ἐπ' ἀτρύγετον δερκέσκετο, δάκρυα λείβων

(vergl. 81—85): so bemerkt Paßschke: er vergißt nicht in dem Blicke über das Meer hin seinen Schmerz, sondern späht vielmehr nach dem schmalen Streifen seiner Heimat [1]) (S. 29). Hofft er sie denn noch wirklich zu entdecken? Man muß nur genau ausschauen! Muß es uns denn noch allen Ernstes gesagt werden, daß Odysseus kein moderner Romanheld ist, der seinen Spaziergang an's Meer richtet, um sentimentalen Gedanken nachzuhängen oder sein furchtbar zerrissenes Innere zu betrachten! Oder sind die stillen, ungewußten Eindrücke der Natur auf das Gemüth, wo die Reflexion nicht so recht das Regiment führt, überhaupt nicht zu rechnen? Wer giebt nicht gern so viele breite Schilderungen der Situation von den Neueren gegen den einen Vers des Homer hin, in dem es von dem schwer gekränkten und heftig zürnenden Priester des Apollo heißt:

βῆ δ' ἀκέων παρὰ θῖνα πολυφλοίσβοιο θαλάσσης.

Il. I. 34. vergl. IX. 182 und 83.

So auch wird vom Achilles I. 349 gesagt: weinend setzte er sich fern von den Genossen

θῖν' ἐφ' ἁλὸς πολιῆς, ὁρόων ἐπὶ οἴνοπα πόντον.

Und eben am Meeresgestade finden wir ihn wieder (ὅθι κύματ' ἐπ' ἠϊόνος κλύζεσκον), als er den Tod des Patroklos beweint (ἐπὶ θινὶ πολυφλοίσβοιο θαλάσσης κεῖτο βαρυστενάχων). Il. XXIII. 58—61. vergl. V. 143.

---

1) Das steht übrigens an anderm Orte Od. I. 57—60.

Bellerophon, nachdem er den Haß der Götter auf sich gezogen hat, irrt einsam, voll finstern Unmuthes *κὰπ πεδίον τὸ Ἀλήϊον* [1])

ὃν θυμὸν κατέδων, πάτον ἀνθρώπων ἀλεείνων.

Il. VI. 200 und 201 und Niobe trauert im Felsengeklüft (XXIV. 614. *ἐν πέτρῃσιν, ἐν οὔρεσιν οἰοπόλοισιν, ἐν Σιπύλῳ*). Dort hat sie umklammernder Fels rankendem Epheu gleich in unzerbrechliche Bande geschlossen; und nie verläßt sie in ihrem Harme tropfender Quell und Schnee und aus thränenschwellenden Wimpern netzt sie die Brüste; vergl. Soph. Ant. 823—33. Eine eigenthümliche Felsbildung, einem trauernden Weibe ähnlich, deren wundersamen Eindruck uns Pausanias I. 21. 5 schildert, gab die Veranlassung zu diesem Volksglauben. Vergl. auch Eur. Helen. 1321—28 u. ff. Die aus Felsen rinnenden Quellen werden öfters mit den Thränen Trauernder verglichen z. B. Eur. Supplic. 80 ff.

Entsprechende Stellen finden sich in großer Anzahl in den lateinischen Dichtern.

> At non sic Ithaci digressu mota Calypso
>   desertis olim fleverat aequoribus:
> multos illa dies incomptis maesta capillis
>   sederat, injusto multa locuta salo. Propert. I. 15. 9—13.

So beweint Orpheus die Eurydice:

> Te, dulcis conjunx, te solo in litore secum,
>   te veniente die, te decedente canebat. Virg. Georg. IV. 465 f.

Sieben volle Monate beweint er sie:

> Rupe sub aëria deserti ad Strymonis undam.

V. 508. vergl. V. 517 und 18.

---

[1]) Preller gr. M. II. 87. „Feld der Irren."

Gesteigert wird die Wirkung dieser landschaftlichen Situation, wenn sie in einen tiefen Contrast zu den Handlungen tritt, deren Schauplatz sie ist. Davon haben wir das herrlichste Beispiel in dem wunderbaren Chorgesang des Oedipus auf Colonos V. 669—708. vergl. V. 16—20.

Die heitere Schönheit, das ruhige Leben, die stille Einfalt der Natur tritt hier in den ergreifendsten Gegensatz zu den ungeheuren Verirrungen des Menschensinnes und den furchtbaren Strafen des rächenden Geschickes. In entgegengesetzter Weise wird mit dem ruhigen Schlaf der Kindesunschuld die empörte See und das Brausen des Sturmes zusammengestellt in dem schönen Bruchstück der Danae des Simonides von Keos[1]). Die Danae, welche mit dem kleinen Perseus in einem Kasten den Fluthen des Meeres übergeben ist, redet das Kind an:

— — ὦ τέκος, οἷον ἔχω πόνον·
σὺ δ' ἀωτεῖς γαλαθηνῷ τ' ἤθεϊ κνώσσεις ἐν ἀτερπεῖ
δώματι χαλκεογόμφῳ,
νυκτιλαμπεῖ κυανέῳ τε δνόφῳ τανυσθείς.
αὐαλέαν δ' ὕπερθε τεὰν κόμαν βαθεῖαν
παριόντος κύματος οὐκ ἀλέγεις·
οὐδ' ἀνέμου φθόγγων,
κείμενος ἐν πορφυρέᾳ χλανίδι, πρόσωπον καλόν.
εἰ δέ τοι δεινὸν τό γε δεινὸν ἦν,
καί κεν ἐμῶν ῥημάτων λεπτὸν ὑπεῖχες οὖας.
κέλομαι δ' εὗδε βρέφος, εὑδέτω δὲ πόντος,
εὑδέτω δ' ἄμετρον κακόν.   κ. τ. α.

Von ungemein tiefer Erfindung ist auch die Schilderung des Locals in der Antigone V. 409—425 (in der Erzählung des Wächters): Die Aufseher des Leichnams des Polynices setzen sich unterm Ueberwind am Berge hin, um dem Geruch

---

[1]) Frg. 44. vergl. Cäsar Nr. 63.

der Verwesung zu entgehen. Als nun der Sonne glühend
Rund in der Luftbahn Mitte stand, und rings Hitze brütend
ruhte, da riß urplötzlich eines Wirbels Macht wie aus der
Erde grausen Sturm empor, ein „himmelhohes Schreckniß"
(οὐράνιον ἄχος); und raufend den Lockenschmuck des Waldes
am Fuß des Berges, erfüllt er damit den hohen Luftraum.
Jene halten, die Augen schließend, die gottverhängte Qual
aus. Als sich aber das Unwetter verzogen hat, gewahren sie
die klagende Antigone am Leichnam des Bruders. Auf ob=
jective Weise ist hier gleichsam die Atmosphäre abgebildet, wie
wir sie in der ganzen Tragödie athmen. Hier lastet auch die
unheimliche Stille und Schwüle, bis der Schicksalssturm ver=
heerend hereinbricht. Schön aber heben die Schrecken der
Natur den Heldensinn des Mädchens, den nichts erschüttern
kann, hervor.

Um auch ein Beispiel aus Euripides zu nennen, verwei=
sen wir auf den stimmungsvollen Anfang der Jphigenie in
Aulis. Hier tritt der vom Geschick in einen furchtbaren Zwie=
spalt der Entscheidung geworfene König, dem die Nacht keine
Ruhe bringt, aus dem Zelte:

  ΑΓΑ. τίς ποτ' ἄρ' ἀστὴρ ὅδε πορθμεύει·
  ΠΡ. σείριος, ἐγγὺς τῆς ἑπταπόρου
    Πλειάδος ᾄσσων ἔτι μεσσήρης.
  ΑΓΑ. οὔκουν φθόγγος γ' οὔτ' ὀρνίθων,
    οὔτε θαλάσσης· σιγαὶ δ' ἀνέμων
    τόνδε κατ' Εὔριπον ἔχουσιν
           κ. τ. α.

V. 7—12. vergl. V. 157 ff.

Mit der Zeit gewann die Schilderung des Schauplatzes
der Handlung immer mehr an Breite, und die Bezüge zwi=
schen der Natur und Stimmung des Gemüthes traten immer

deutlicher in's Bewußtſein. Sehr übertrieben iſt es freilich, wenn Bernhardy (griech. Liter. I. 156 u. 58) vom Euripides ſagt: „Kein Dichter vor ihm verglich die Erſcheinungen der Natur mit Analogien des Geiſtes und der Sittenwelt; — er war der erſte, der zwiſchen der ſittlichen Welt und phyſiſchen Zuſtänden einige Bezüge wahrnahm." Nur ſo viel iſt richtig, daß ſolche Vergleichungen weder in ſo ausführlicher noch ſo reflectirter Art ſich früher vorfinden. Bei Euripides tritt der Zwieſpalt der innern und äußern Welt, der Hang zu ſubjec= tiver Verſenkung ſchärfer als bei irgend einem der Früheren hervor; damit ſtimmt ſeine Neigung zur Einſamkeit und Zu= rückgezogenheit in der Natur und ein melancholiſcher Zug ſeines Weſens ($\sigma\kappa\upsilon\vartheta\rho\omega\pi\grave{o}\varsigma$ $\delta\grave{\epsilon}$ $\mathring{\eta}\nu$ $\tau\grave{o}$ $\mathring{\eta}\vartheta o\varsigma$ $\varkappa\alpha\grave{\iota}$ $\mathring{\alpha}\mu\varepsilon\iota\delta\grave{\eta}\varsigma$ $\varkappa\alpha\grave{\iota}$ $\varphi\varepsilon\acute{\upsilon}\gamma\omega\nu$ $\tau\grave{\alpha}\varsigma$ $\sigma\upsilon\nu o\upsilon\sigma\acute{\iota}\alpha\varsigma$).

Eine nach dieſer Richtung entſprechende Stellung nimmt Ovid unter den Römern ein; oft werden wir bei ihm wie vom Ausdruck eines modernen Gefühles überraſcht, und er mag wohl der beſprochenen Empfindung den bewußteſten Aus= druck geben.

Ihm iſt die Unendlichkeit des innern Lebens ſchon auf= gegangen. Er konnte ſagen Trist. III. 7. 43—47.

> En ego, cum patria caream vobisque domoque:
> raptaque sint, adimi quae potuere mihi;
> ingenio tamen ipse meo comitorque fruorque

und

> Singula quid referam? nil non mortale tenemus,
> pectoris exceptis ingeniique bonis.

Bei den letzten Verſen wird man unwillkürlich an die ſchönen und auffallend ähnlichen Worte Goethes erinnert:

> Danke, daß die Gunſt der Muſen
> Unvergängliches verheißt:

den Gehalt in deinem Busen
und die Form in deinem Geist.

Hierher gehört es, wenn er die tiefe Aufregung des Gemüthes der sturmbewegten See entgegensetzt:

> Cumque sit hibernis agitatum fluctibus aequor,
> pectora sunt ipso turbidiora mari.
> Trist. I. 11. 33 f.

und wenn er uns schildert, wie er im Mondenscheine zum letzten Male sein Rom erblickt:

> Jamque quiescebant voces hominumque canumque:
> lunaque nocturnos alta regebat equos.
> hanc ego suspiciens, et ab hac Capitolia cernens etc.
> Trist. I. 3. 27—34.[1])

Der unglücklich liebende Properz sucht die Einsamkeit der Natur:

> Haec certe deserta loca et taciturna querenti,
> et vacuum Zephyri possidet aura nemus:
> hic licet occultos proferre impune dolores,
> si modo sola queant saxa tenere fidem.

Ja, es fehlt nicht, daß er die Bäume des Haines, in deren Rinde er so oft den Namen der Geliebten eingeschnitten hat, als Zeugen seiner Treue anruft:

> Vos eritis testes, si quos habet arbor amores,
> fagus et Arcadio pinus amica deo.

---

1) Frieblaender bemerkt Bd. II. 119 zu dieser Stelle: „Ovid habe hierfür kaum ein flüchtiges Wort, während er über den thränenreichen Abschied von den Seinigen übermäßig wortreich sei." So muß das freilich von dem Standpunct einer Literatur erscheinen, in der es immer gewöhnlicher wird, ein Nebenwerk zur Hauptsache zu erheben. Wir meinen, die Alten verlieren für den Eindruck durch ihre Kürze nichts; ihr großer Sinn bewährt sich in gleicher Weise, wo sie reden, und wo sie sich beschränken und schweigen.

ah quotiens teneras resonant mea verba sub umbras,
scribitur et vestris Cynthia corticibus!
Prop. El. I. 18.

So sehnt sich die liebeskranke Phädra hinaus in die freie Natur, Eur. Hippol. 180 ff., 210 ff., 217 ff.:

(sc. πῶς) ὑπό τ' αἰγείροις ἔν τε κομήτῃ
λειμῶνι κλιθεῖσ' ἀναπαυσαίμαν;

Vergl. Cic. ad Att. Ep. XII. 9 u. 15.

Er spricht es in schönen Worten aus, wie sehr die Stille der Natur dem trauernden Herzen wohlthue. Nichts ist ihm erfreulicher als diese Einsamkeit, das nahe Ufer und der Blick auf das Meer. Den ganzen Tag über hält er sich in einem dichten und rauhen Walde verborgen, dort pflegt er seinen Verkehr mit den Wissenschaften, der oft durch Thränen über seinen Verlust unterbrochen wird. (Vergl. Kosmos II. 18.) Hieran ist noch ein anderes zu knüpfen. Da die Gesetze der Dichtung eine ausführliche Schilderung des Räumlichen nicht gestatten, zeigt schon Homer uns gern den Eindruck schöner oder erhabener Natur auf die Seele des theilnehmenden Zuschauers. Da befindet er sich ganz wieder auf eigenem Gebiete. Als Belege mögen zwei der schönsten Gleichnisse dienen. Il. IV. 452—56:

Ὡς δ' ὅτε χείμαρροι ποταμοὶ κατ' ὄρεσφι ῥέοντες
ἐς μισγάγκειαν συμβάλλετον ὄβριμον ὕδωρ
κρουνῶν ἐκ μεγάλων, κοίλης ἔντοσθε χαράδρης·
τῶν δέ τε τηλόσε δοῦπον ἐν οὔρεσιν ἔκλυε ποιμήν   κ τ. α.

u. Il. VIII. 554—59.

Ὡς δ' ὅτ' ἐν οὐρανῷ ἄστρα φαεινὴν ἀμφὶ σελήνην
φαίνετ' ἀριπρεπέα, ὅτε τ' ἔπλετο νήνεμος αἰθήρ·
ἔκ τ' ἔφανεν πᾶσαι σκοπιαὶ καὶ πρώονες ἄκροι
καὶ νάπαι· οὐρανόθεν δ' ἄρ' ὑπερράγη ἄσπετος αἰθήρ,
πάντα δέ τ' εἴδεται ἄστρα, γέγηθε δέ τε φρένα ποιμήν.

Offenbar ist es beidemal der letzte Vers, welcher der Beschreibung erst die wahre Schönheit, der ihr die Seele giebt.

Virgil hat das in der Schilderung des reißenden Bergstromes nachgeahmt:

> Praecipitesque trahit silvas, stupet inscius alto
> adcipiens sonitum saxi de vertice pastor.
> Aen. II. 304—309.

Nachdem Odyssee V. 63—76 die reizende Natur rings um die Grotte der Kalypso geschildert ist, wird hinzugesetzt:

> — — ἔνθα κ' ἔπειτα καὶ ἀθάνατός περ ἐπελθὼν
> θηήσαιτο ἰδών, καὶ τερφθείη φρεσὶν ᾗσιν.

Da steht auch Hermes in staunende Betrachtung versunken, und erst nachdem er sich alles wohl beschaut hat, tritt er zur Kalypso ein. Diesen zugleich kunst= und gemüthvollen Zug finden wir viel seltener bei römischen Dichtern, die in der Beschreibung leicht dogmatisch steif werden. Schiller sagt irgendwo, der Grieche habe nicht wohl von der Natur wie wir überrascht werden können. Dies hat freilich seine Richtigkeit, wenn man von Natur im Gegensatz zur Kunst und einem naturfernen Menschenleben spricht. Da die Natur die Alten rund umgab, konnten sie nicht erstaunen, wie aus einer andern Welt auf sie zu treffen. Um so häufiger finden wir aber den rührenden Ausdruck der Ueberraschung dort, wo die Natur in ungeahnter Pracht und Erhabenheit oder in heimlicher Stille und Lieblichkeit, wo sie als Natur im erhöheten Sinne erscheint.

So heißt es um zu den genannten Stellen wenige hinzuzufügen im Hymnus auf die Demeter V. 10 ff., als die Erde jene wunderbare Blume sprießen läßt:

— — — σέβας δέ τε πᾶσιν ἰδέσθαι
ἀθανάτοις τε θεοῖς ἠδὲ θνητοῖς ἀνθρώποις·
(V. 15) ἡ δ᾽ ἄρα θαμβήσασ᾽ ὠρέξατο χερσὶν ἅμ᾽ ἄμφω κ. τ. α.

und Odysseus erzählt seine Verwunderung über den herrlichen Palmbaum auf Delos:

Φοίνικος νέον ἔρνος ἀνερχόμενον ἐνόησα
— — — —
ὣς δ᾽ αὔτως καὶ κεῖνο ἰδὼν ἐτεθήπεα θυμῷ
δήν· ἐπεὶ οὔπω τοῖον ἀνήλυθεν ἐκ δόρυ γαίης.
Od. VI. 163—68.

Daneben läßt sich der schöne Vers des Virgil stellen:

Ibat et, ingenti motu stupefactus aquarum,
omnia sub magna labentia flumina terra
spectabat diversa locis etc.   Georg. IV. 365 ff.

Besonders bezeichnend ist das häufige Vorkommen des Wortes percutere (Auson: pellere) in der Bedeutung des Ergriffenseins vom Anblick schöner Gegenden oder eines einzelnen Naturgegenstandes. z. B. Hor. Carm. I. 7. 10—15.

Me nec tam patiens Lacedaemon
nec tam Larissae percussit campus opimae,
quam domus Albuneae resonantis
et praeceps Anio ac Tiburni lucus et uda
mobilibus pomaria rivis.

(Vergl. auch Plato Phädrus p. 230.)

Haben wir nun in dem Bisherigen versucht, die specifische Naturempfindung des Alterthums anzudeuten, die von der modernen weitabliegende, doch nicht minder innige, sympathetische Freude an der Herrlichkeit der natürlichen Welt aufzuweisen, so bleibt uns jetzt noch eine besondere Aufgabe zurück.

Nichts wäre verkehrter als zu meinen, die Zeitalter wären hier durch einen absoluten Unterschied von einander getrennt.

Es gilt nicht nur die Verschiedenheit, sondern auch die Aehnlichkeit in der Verschiedenheit nachzuweisen. Jede frühere Stufe enthält im Keime schon die ganze Reihe der folgenden, kündigt sie mehr oder minder deutlich an.

Im Alterthum selbst findet eine entschiedene Bewegung nach jener Empfindungsweise hin statt, wie sie uns Neueren eigenthümlich ist. Immer mehr drängt sich das Subject mit seinen inneren Erfahrungen, Leiden und Freuden in den Vordergrund. Ganz individuelle Gefühle treten in's Bewußtsein, werden mitgetheilt und besprochen, werden interessant und berechtigt. Die Beschäftigung mit sich selbst wird gewöhnlicher, je mehr der Zerfall des staatlichen Lebens, das nationale Mißgeschick und die mangelnde Theilnahme an den Aufgaben des öffentlichen Lebens die Menschen in sich zurückwarf.

Alles das, was das eigenste Wesen modernen Naturgenusses bezeichnet, finden wir, wenn auch verhüllter, dunkeler, schon in den Schriften der Alten angedeutet.

Wenn wir nun versuchen, jene Aeußerungen des antiken Natursinnes, welche am meisten unserer Empfindung verwandt sind, durch Belege zur Anschauung zu bringen, so ist es in keiner Weise die Absicht, etwas Erschöpfendes zu liefern. Ebenso müssen wir auf einen strengeren Zusammenhang als den einer geeigneten Gruppirung verzichten. Auch soll keine Ergänzung der überraschend reichen Blumenlese, welche in den von uns angezogenen Schriften sich findet, gegeben werden. Wohl war es aber schon bisher unser Bestreben, wo die Evidenz und das Gewicht der Zeugnisse nicht geringer waren, auch neue Belege einzuführen; wie denn bisher die römischen Schriftsteller, aus der griechischen Literatur besonders die

Homerischen Hymnen, Euripides u. Anb. in geringem Maße benutzt waren.

Es ist schon oben darauf hingewiesen worden, daß der Gegensatz, in den wir so gern Kunst und Natur stellen, dem antiken Bewußtsein nicht geläufig sein konnte; wir sagen Bewußtsein; denn daß die Empfindung immer einen Unterschied machte, ist selbstverständlich, wenn man auch aus abstracten Deductionen das Gegentheil hat beweisen wollen.

Kant bedient sich irgendwo folgenden Beispiels, um die eigenthümliche Wirkung der Natur zu verdeutlichen. Wenn ein Mensch den Schlag der Nachtigall mit täuschender Kunst nachzuahmen verstände, so würde unser Wohlgefallen an dem angehörten Gesange in der Wurzel verändert werden, sobald wir sähen, daß es eben nur eine Nachahmung sei. Dasselbe gilt von gemachten Blumen, denen man den vollen Schein der Wirklichkeit gegeben hätte. Hierin ging es den Griechen sicher nicht anders als uns. Auch fehlt es bei ihnen keineswegs an Aeußerungen, die den Gegensatz in ganz bewußter Weise aussprechen; und häufiger finden wir solche bei den Römern. — Ergiebt es sich indessen schon aus der oben bezeichneten Geistesart der Alten, daß die Entgegenstellung von Natur und Kunst für dieselben nicht jene allgemeine und vertiefte Bedeutung haben konnte, die sie für uns gewonnen hat, so auch aus dem Wesen der antiken Kunst selbst. Dieselbe stand der Natur unendlich viel näher, als wir es von der unsrigen sagen dürfen. Zwar war sie nie auf bloße Naturnachahmung gerichtet; aber ihre Gebilde waren in die Göttlichkeit, Nothwendigkeit erhobene Natur, die alles Zufällige und Kleinliche weit dahinten gelassen. Die Absichtlichkeit, die unvermittelte Art, mit der die Modernen so oft der Natur sich bemächtigen, mit der sie in der Nachahmung so bittern Ernst machen, verräth mehr, als es scheinen möchte, den eingetretenen Zwiespalt.

Hierher gehört es, wenn in dem schönen Preise des Oelbaums im Oedipus auf Colonos derselbe φίτυμ᾽ ἀγήρατον, αὐτόποιον genannt wird. Deutlicher ist es ausgesprochen Plutarch. de tranq. an. p. 477 C:

ἱερὸν μὲν γὰρ ἁγιώτατον ὁ κόσμος ἐστὶ καὶ θεοπρεπέστατον, εἰς δὲ τοῦτον ὁ ἄνθρωπος εἰσάγεται διὰ τῆς γενέσεως, οὐ χειροκμήτων οὐδὲ ἀκινήτων ἀγαλμάτων θεατής, ἀλλ᾽ οἷα νοῦς θεῖος αἰσθητὰ νοητῶν μιμήματα, φησὶν ὁ Πλάτων, ἔμφυτον ἀρχὴν ζωῆς ἔχοντα καὶ κινήσεως ἔφηνεν, ἥλιον καὶ σελήνην καὶ ἄστρα καὶ ποταμοὺς νέον ὕδωρ ἐξιέντας ἀεὶ καὶ γῆν φυτοῖς τε καὶ ζῴοις τροφὰς ἀναπέμπουσαν.

In der von Cicero de nat. deor. II. 37 (Kosmos II. 15) angeführten Stelle des Aristoteles wird gesagt: Wenn es Wesen gebe, die in den Tiefen der Erde immerfort in Wohnungen lebten, welche mit allen Schätzen der Kunst ausgeschmückt wären, und wenn dann diese Wesen von dem Walten der Götter Kunde erhielten und durch die Spalten der Erde an die Oberfläche derselben heraustraten, und wenn sie urplötzlich so die ganze Herrlichkeit der Natur (cum repente terram et maria caelumque vidissent, nubium magnitudinem, ventorumque vim cognovissent, adspexissentque solem, eiusque tum magnitudinem, pulchritudinemque, tum etiam efficientiam cognovissent, quod is diem efficeret, toto caelo luce diffusa: cum autem terras nox opacasset, tum caelum totum cernerent astris distinctum et ornatum, lunaeque luminum varietatem tum crescentis, tum senescentis, eorumque omnium ortus et occasus atque in omni aeternitate ratos, immutabilesque cursus) erblickten: dann würden sie wahrlich aussprechen, es gebe Götter, und so große Dinge seien ihr Werk. Vergl. Lucret. II. 1025—39.

Alles was, unberührt von Menschen, aus der reinen Hand der Natur kommt, hat seine besondere Schönheit. Man lese die schönen Worte des Euripides Hippol. 70 ff. und Properz I. 2. 9—15:

> Aspice, quos submittit humus formosa colores,
>   ut veniant hederae sponte sua melius,
> surgat et in solis formosius arbutus antris,
>   et sciat indociles currere lympha vias.
> litora nativis collucent picta lapillis
>   et volucres nulla dulcius arte canunt.

Vergl. V. 5., IV. 12. 36 u. 37.

Eine eingehendere Besprechung verdienen die Briefe des jüngeren Plinius. Dieselben sind reich an Schilderungen, welche die lebhafteste und bewußteste Hinneigung zur Naturschönheit verrathen und uns mit dem Hauch moderner Begeisterung anwehen. So spricht er es selber aus (lib. VIII ep. 20) in einem Briefe, in welchem er dem Gallus ausführlich den vadimonischen See schildert, auf den er durch Zufall getroffen war, als er auf den Besitzungen eines Verwandten einen weitern Spaziergang machte. „Nam te quoque ut me nihil aeque ac naturae opera delectant." — IV. 30. beschreibt er die mira natura einer Quelle, die in festem Verhältniß dreimal täglich steigt, dreimal abnimmt. „Cernitur id palam, et cum summa voluptate deprehenditur."[1] Lesen wir die anschaulichen und ausführlichen Schilderungen seiner verschiedenen Villen (und mit großer Vorliebe schreibt Plinius von ihnen), so sehen wir deutlich, wie wohl jene Zeit sich auf die Contraste von Natur und Kunst verstand. Nachdem uns V. 6. die sehr künstlich angelegten Gartenpartien genannt sind, wird gesagt: pratum inde non minus natura, quam superiora illa arte, visendum. Vergl. ibid.: et in opere urbanissimo subita velut illati ruris imitatio. Gerade in jener Kunst in der Natur, den Gartenanlagen, scheinen die Römer die stärksten Contraste geliebt zu haben. Die Staël (de l'Allem. I. 35) sagt sehr richtig: le luxe des jardins suppose toujours qu'on aime la nature; man kann hinzusetzen, es wird dabei selbst ein gewisser Grad reflectirten Naturgenusses vorausgesetzt.

Für die Ausdehnung der Gartencultur ist schon Hor. Carm. II. 15. bezeichnend:

— — platanusque caelebs
Evincet ulmos; tum violaria et
myrtus et omnis copia narium
spargent olivetis odorem,
fertilibus domino priori.

Nun scheint freilich in der römischen Kaiserzeit die Natur in ganz ähnlichem Sinne gemeistert, dem Zwange äußerlicher, und damit willkührlicher, Regel unterworfen worden zu sein, in welchem die französische Gartenkunst der Zopfzeit sich einen so zweideutigen Ruf erwarb. Da finden wir künstlich beschnittene Bäume, Gruppirung derselben nach starrem Schema;

---

[1] Die Briefe, welche für unsere Frage in Betracht kommen, sind I. 3. 6. 9. II. 17. III. 19. IV. 6. 30. V. 6. 18. VI. 16. 20. 31. VIII. 8. 17. 20. IX. 7. 10. 36.

unter der Scheere gehaltene Gewächse (besonders Buchsbaum), die bald den Namen des Besitzers, bald den des Künstlers, bald Thierformen darstellen. Vergl. V. 6. pressa varieque tonsa viridia, buxus multiformis, humilesque et retentae manu arbusculae; maceriam gradata buxus operit et subtrahit. Alibi ipsa buxus intervenit in formas mille descripta, litteras interdum, quae modo nomen domini dicunt, modo artificis; buxus bestiarum effigies invicem adversas inscribit, und vieles Andere. Daneben ist auf die durchgängige Verbindung der Architectur und Plastik mit der so zugestutzten Natur hinzuweisen. Indessen dürfen wir nicht vergessen, daß diese Schilderungen uns nahe an die Grenzen des Alterthums hinanführen. Man hat sichern Grund anzunehmen, daß die Griechen die Natur nicht jener Freiheit beraubt haben, die von der eigenthümlichen Schönheit derselben unzertrennlich ist; auch wird uns ausdrücklich bezeugt, daß die Sitte, die Bäume nach Formen der Baukunst oder Plastik zu beschneiden, erst zur Zeit des Augustus aufkam. (S. Kosmos II. 24.)

Diese gemaßregelte Natur, dies pretiöse Afterbild der wahren, ist in scharfem Contraste in die volle Freiheit der Landschaft hineingestellt. Unmittelbar an jene Anlagen tritt das Meer, treten Wälder, Wiesen und Feld heran. Und offenbar hatte Plinius einen viel lebhafteren Sinn für die weiten, freien Aussichten und den reichen Wechsel der Landschaft als für jene künstliche Pracht des Gartens.

Er vergißt es nicht, dem Freunde schon den Weg nach seiner Villa Laurentina zu schildern: Aditur non una via — Varia hinc atque inde facies. Nam modo occurrentibus silvis via coarctatur, modo latissimis pratis diffunditur et patescit. II. 17. In der Beschreibung der Villa giebt er meistens ausdrücklich von den einzelnen Zimmern die Aussicht an, deren sie genießen; so triclinium satis pulchrum, quod in litus excurrit: ac si quando Africo mare impulsum est, fractis simul et novissimis fluctibus leviter adfluitur. Undique valvas aut fenestras non minores valvis habet: atque ita a lateribus, a fronte quasi maria prospectat. A tergo silvas et longinquos respicit montes. Vom Fenster eines Zimmers wird (ibid.) gesagt: subjacens mare longius quidem, sed securius intuetur. Von einem cubiculum in apsida curvatum wird bemerkt: ambitum solis omnibus fenestris sequitur; zum Beweise, daß dies nicht aus sehr hausbackenen Gründen hervorgehoben werde, stehen hier die folgenden Stellen: est et alia turris: in hac cubiculum, in quo sol nascitur conditurque. — Modica coenatio, quae plurimo sole, plurimo mari splendet. Vor allem erfreut den Plinius die freie Aussicht auf das Meer. Selbst von der calida piscina wird bemerkt, daß von ihr aus „natantes mare aspiciunt." Dann folgt wieder eine coenatio, quae latissimum mare, longissimum litus, amoenissimas villas prospicit. Ein Cabinet (Zotheca) mit einem Ruhebett und zwei Sesseln hat a pedibus mare, a tergo villas, a capite silvas; und es wird hinzugesetzt: tot facies locorum totidem fenestris et distinguit et miscet.

Viel ausführlicher schildert Plinius die Landschaft in der Beschreibung seines tuscischen Gutes. V. 6. Dort heißt es: Regionis forma pulcherrima: imaginare amphitheatrum aliquod immensum, et quale sola rerum natura possit effingere. Lata et diffusa planities montibus cingitur; montes summa sui parte procera nemora et antiqua habent; dann wird eingehend dargestellt, wie die Landschaft in immer neuer Gestaltung sich allmählich zur Ebene (terrassenförmig) hinabsenkt: sub his (collibus pinguibus terrenisque) per latus omne vineae porriguntur, unamque faciem longe lateque contexunt; quarum a fine imoque quasi margine arbusta nascuntur; prata inde campique. — Prata florida et gemmea trifolium aliasque herbas teneras semper et molles et quasi novas alunt. Cuncta enim perennibus rivis nutriuntur. Das Ganze wird in den Worten zusammengefaßt: magnam capies voluptatem, si hunc regionis situm ex monte prospexeris. Neque enim terras tibi, sed formam aliquam, ad eximiam pulchritudinem pictam, videberis cernere. Ea varietate, ea descriptione quocunque inciderint oculi reficientur. — Villa in colle imo sita. — — A tergo Apenninum, sed longius habet.

Auch hier wird die Aussicht der verschiedenen Zimmer angegeben: protinus pratum, multumque ruris videt fenestris; — hippodromi nemus comasque prospectat; — aliis fenestris xystum, aliis despicit pratum; — alia diaeta prato, alia vineis imminet, diversasque coeli partes ut prospectus habet; — cubiculum hippodromum, vineas, montes intuetur. Endlich ist dort ein Gemach, wo man wie im Walde ruht: lectus hic et undique fenestrae, et tamen lumen obscurum umbra premente. Nam laetissima vitis per omne tectum in culmen nititur et adscendit. Non secus ibi quam in nemore jaceas: imbrem tantum, tanquam in nemore, non sentias.

Wenn Plinius bei der Beschreibung der Lage der Villa die amphitheatralische Bildung der Gegend hervorhebt, so steht das nicht allein. Es ließen sich genug Belege dafür finden, um ein besonderes Wohlgefallen der Alten an den „rein gezeichneten Theaterkreisen, in deren erwärmter Bucht der Segen der Natur kocht" (Vischer) annehmen zu dürfen, wie ein solches schon an und für sich natürlich erscheint. In einer solchen Landschaft hat alles den schönsten Abschluß und klare Begrenzung; das Auge wird nicht in ungemessene Fernen hineingezogen. Man kann hier auf die Beschreibungen solcher Buchten im Homer und Virgil hinweisen. Plinius sagt VI. 31: Villa pulcherrima cingitur viridissimis agris: imminet litori, cujus in sinu fit cum maxime portus, velut amphitheatrum. Vergl. Auson. Mos. 154—56.

> Qua sublimis apex longo super ardua tractu,
> et rupes et aprica jugi, flexusque, sinusque
> vitibus assurgunt, naturalique theatro.

Vergl. Virg. Aen. V. 286—89.

Dem Plinius entgeht auch nicht der stille Reiz, welchen die Natur so oft in die unscheinbarsten Dinge legt. In der entzückten Beschreibung der Clitumnusquelle VIII. 8. (quem ego, poenitet tarditatis, proxime vidi) freut er sich nicht nur über die Krystallhelle des Wassers (fons lato gremio patescit purus et vitreus), er setzt auch hinzu, wie man die funkelnden Steinchen in der klaren Tiefe zählen könne, und wie der durchsichtige Strom (perspicuus) die Eschen und Pappeln, die das Ufer bekränzen, wiederspiegele (velut mersas viridi imagini adnumerat). Im Auson finden sich solche Beobachtungen in großer Anzahl. —

Der Gegensatz von Natur und Kunst gedieh erst in der christlichen Weltanschauung zum schroffsten Widerspruch. Den

Alten lag es fern, den Widerstreit, so fern er ihnen überhaupt bewußt wurde, im Voraus zu Gunsten der Natur zu entscheiden. Dagegen spricht auch nicht ein Wort des Auson, der wie auf der Schwelle einer neuen Zeit steht Mos. 48—51:

> I nunc, et Phrygiis sola levia consere crustis,
> tendens marmoreum laqueata per atria campum:
> ast ego, despectis quae census opesque dederunt,
> naturae mirabor opus etc.

Freilich auch schon Lukrez stellt die Lieblichkeit und das frohe Genügen eines einfachen Naturlebens dem Luxus der Paläste, in denen Kunst und Reichthümer wetteifern, gegenüber:

> Si non aurea sunt juvenum simulacra per aedeis,
> lampadas igniferas manibus retinentia dextris,
> lumina nocturnis epulis ut suppeditentur;
> nec domus argento fulget, auroque renidet,
> nec citharis reboant laqueata aurataque templa:
> attamen inter se prostrati in gramine molli
> propter aquae rivum, sub ramis arboris altae,
> non magnis opibus jucunde corpora curant,
> praesertim cum tempestas arridet, et anni
> tempora conspergunt viridanteis floribus herbas.
> Lucr. II. 24—34.

Erst die Kirchenväter sind es, die mit Leidenschaft auf die Seite der Natur treten, wovon Humboldt (Kosm. II. S. 30) Belege giebt. So sagt Chrysostomus: „Wer verachtet nicht alle Schöpfungen der Kunst, wenn er in der Stille des Herzens früh die aufgehende Sonne bewundert."

Ebenso wenig konnte die Abneigung gegen das Treiben der Menschen oder gar der Haß gegen die Gesellschaft der Theilnahme der Alten für die Natur die eigenthümliche Färbung geben. Eine Empfindung, wie sie der Vers:

"Die Welt ist vollkommen überall,
    wo der Mensch nicht hinkommt mit seiner Qual"

ausspricht, ist ihnen sicher immer fremd geblieben. Sie waren so glücklich, jenes Gefühl nicht haben zu können, nicht den ursprünglichen Reiz der Natur durch das düstere Licht menschlicher Unvollkommenheit hindurch zu erblicken. Der ἑαυτὸν τιμωρούμενος ist bei ihnen eine vereinzelte Erscheinung, und der Menschenhasser Timon sucht nicht in empfindsamer Naturbetrachtung Trost für die Schlechtigkeit der Menschen. Im Gegentheil, die Natur ist ihm fremd: auf seinem Grabe soll Schwarzdorn und Distel wachsen und kein Vogel mit schwebendem Fittich weilen[1]). Je mehr Mensch und Natur noch eins waren, je weniger das Mißbehagen an der Wirklichkeit den Menschen in sich zurückwarf, desto weniger konnte sich auch eine Empfindung geltend machen, die geneigt ist, nur die einsame Natur, fernab vom Markte des Lebens und unbetreten von menschlichem Fuße, für rein und unentweiht zu halten. Wenn sie nun aber die Natur nicht unter jenem Gegensatze anschauten, weil sie selber Natur waren, so hatten die Alten doch einen tiefen Sinn für die heimliche Ruhe und Einsamkeit, für das stillschaffende Leben der Natur, für Orte, wo dieselbe nur für sich und als solche auftritt und wirkt. Wir werden durch die größte Anzahl der zartesten und gemüthvollsten Aeußerungen dieser Empfindung überrascht. Der ganze erste Theil von Euripides Jon athmet ein tiefgemüthliches Zusammenleben von Mensch und Natur, das Glück einer geweiheten Einsamkeit, eines schuldlosen, kindlichen Daseins in der Stille der Natur.

---

1) Anthologie übers. von Jakobs. Leben und Kunst d. Alten. Bb. I. S. 229.

Vor Allem ist hier aber Sappho zu nennen; und es ist bezeichnend, daß es eine Frau ist, welche unter den Griechen dem von der Natur gerührten Gemüthe vielleicht den innigsten Ausdruck verliehen hat.

> Δέδυκε μὲν ἁ σελάννα
> καὶ Πληΐαδες, μέσαι δέ
> νύκτες, παρὰ δ' ἔρχεθ' ὥρα,
> ἐγὼ δὲ μόνα καθεύδω.
>
> Bergk p. lyr. Gr. frg. 58.

> Ἀμφὶ δ' ὕδωρ
> ἵερον ψυχρὸν κελαδεῖ δι' ὕσδων,
> μελίνων, αἰθυσσομένων δὲ φύλλων
> κῶμα καταρρεῖ.
>
> frg. 4. vergl. frg. 3.

An das „nun ruhen alle Wälder" oder das herrliche „Ueber allen Gipfeln ist Ruh" erinnert das wunderliebliche Fragment des Alkman:

> Εὕδουσιν δ' ὀρέων κορυφαί τε καὶ φάραγγες,
> πρωόνές τε καὶ χαράδραι,
> φύλλα τε ἑρπετά θ' ὅσσα τρέφει μέλαινα γαῖα,
> θῆρες ὀρεσκῷοί τε καὶ γένος μελισσᾶν
> καὶ κνώδαλ' ἐν βένθεσσι πορφυρέης ἁλός.
> εὕδουσιν δ' οἰωνῶν φῦλα τανυπτερύγων.

Der liebliche Schattensitz in Hainen, an Quellen wird in immer neuer Weise gepriesen; am anmuthigsten vielleicht in dem anakreontischen Liedchen:

> Παρὰ τὴν σκιὴν Βαθύλλου
> κάθισον· καλὸν τὸ δένδρον·
> ἀπαλὰς δ' ἔσεισε χαίτας
> μαλακωτάτῳ κλαδίσκῳ.
> παρὰ δ' αὐτὸν ἐρεθίζει
> πηγὴ ῥέουσα πειθοῦς.
> τίς ἂν οὖν ὁρῶν παρέλθοι
> καταγώγιον τοιοῦτο;

Reich an solch reizenden Naturbildern ist die Anthologie. In der Uebersetzung von Jakobs ist alles zusammengestellt, was das Pflanzenleben und die landschaftliche Natur betrifft. Wir heben einige wenige Züge heraus:

„Süß plaudern im grünen Gezweig die Lüfte,
Thauig und frisch erstrahlt im Hain von den Blumen die Wiese,
schön mit Violen gekränzt, herrlich mit Rosen geschmückt. —
Rundum tönt Philomelens Gesang, wetteifernd mit ihnen
schallt harmonisch das Lied feuriger Grillen zugleich;
geh' nicht achtlos weiter 2c.
Wo aus purpurnen Furchen im Lenz fruchtduftende Veilchen
lächelnd erblühn mit dem Kelch strahlender Rosen gemischt. —
Sieh' wie ergießt und verschlingt sich das Haar reichlockigen Epheus;
und sein grünes Geflecht kränzet die Wiesen umher.
Still entgleitet der zögernde Fluß durch buschiges Ufer,
leise bewegend den Fuß blühender Bäume des Hains.
Eros heißet der Ort, kein anderer Name gebührt ihm u. s. w."[1]

Der Chor der Vögel im Aristophanes singt (nach der Droysenschen Uebersetzung) V. 1093—1097:

Im Blumenwiesengrunde kühl,
in Laubes Schooß, da schlaf' ich,
wenn im Kornfeld heimlich zirpend Heimchen seinen bangen Ruf
vor des Mittags glüh'nder Stille wie im Wahnsinn jammernd ruft.

Wir glauben es unterlassen zu dürfen, aus den römischen Dichtern Schilderungen solches entzückenden Stilllebens der Natur auszuheben. Es ist bekannt, wie sie überall den kühlen Schatten, den rauschenden Hain, das Gelispel in den Zweigen, die blumige Au, den hurtigen Bach, die murmelnde Quelle verherrlicht haben. Besonders schön sagt Virgil Georg. II. 485 ff.:

Rura mihi et rigui placeant in vallibus amnes,
flumina amem silvasque inglorius! O, ubi campi

---

1) Siehe 31. 32. 34. 36. 38. 39. 42. 48 u. s. w.

Spercheosque et virginibus bacchata Lacaenis
Taygeta, o, qui me gelidis in vallibus Haemi
sistat et ingenti ramorum protegat umbra!

Bei den Römern wird übrigens auf ganz bewußte Weise und mit dem stärksten Ausdruck der Sehnsucht das einfach glückliche Leben in der Natur dem Getreibe der Stadt und der Last und dem Drange der Geschäfte entgegengesetzt; zumal seit dem Verfalle der Republik, als die großen Interessen des Gemeinwesens nicht mehr das Leben des Einzelnen ausfüllten und regierten. Dieser Stimmung verdankt das „beatus ille" des Horaz seinen Ursprung. Plinius schreibt I. 9. einem Freunde aus der Landeinsamkeit: in dieser seiner stillen Ruhe überkomme ihn der Gedanke, wie leer und nichtig jene Geschäfte des Forums seien („quot dies quam frigidis rebus absumpsi"). Er ermahnt ihn, strepitum istum inanemque discursum et multos ineptos labores dahinten zu lassen. „Satius enim est — — otiosum esse, quam nihil agere." Und er bricht in die begeisterten Worte aus: O mare! o litus! verum secretumque μουσεῖον, quam multa invenitis, quam multa dictatis!

Ueberall wird es ausgesprochen, daß die Natur die wahre Geburtsstätte der Dichtung sei. Im dialog. de orator. bringt Aper es freilich als einen Nachtheil des Dichterlebens bei, daß „ut ipsi dicunt, in nemora et lucos, id est, in solitudinem recedendum est. Ihm erwidert aber Maternus: nemora vero et luci et secretum ipsum, quod Aper increpabat, tantam mihi afferunt voluptatem, ut inter praecipuos carminum fructus numerem, quod non in strepitu nec sedente ante ostium litigatore nec inter sordes ac lacrimas reorum componuntur, sed secedit animus in loca pura atque innocentia fruiturque sedibus sacris. cap. 9 u. 12. Plinius (I. 6.) sitzt bei den Jagdnetzen im Walde mit „stilus et pugillares" —: ut si manus vacuas, plenas tamen ceras reportarem. Merkwürdig werde der Geist durch die Anspannung und Bewegung erweckt; und er fährt fort: jam undique silvae et solitudo. Er fordert den Tacitus (an ihn ist der Brief gerichtet) auf, es ihm nachzumachen: „experieris non Dianam magis montibus quam Minervam inerrare." Und IX. 10. schreibt er demselben: poemata quiescunt, quae tu inter nemora et lucos commodissime perfici putas [1]).

Ja, es bildete sich eine ständige Phraseologie aus, und dies ist bei uns eine Erbschaft des Alterthums, in welcher die Natur, die Quellen, Haine, Grotten als der heimische Sitz der Dichter, die zum Gesang begeisternden Mächte dastehen. So hat Virgil (Georg. IV. 566.) sein Lied patulae sub tegmine fagi gesungen; Horaz preist seine Lalage tief im Sabinerwalde Carm. I. 22., und IV. 3. sagt er: wen Melpomene einmal mit gütigem Auge sah, als er geboren ward, dem werde:

> Wellengeräusch fruchtbarer Tiberaun
> und dichtgrünender Haine Nacht
> — — äolischen Geist hoher Gesänge weihen.   (Voß.)

Vergl. III. 25:

> Quo me, Bacche, rapis tui
>   plenum? Quae nemora aut quos agor in specus,
> velox mente nova? Quibus
>   antris etc.

---

[1]) Hierin könnte ein Hinweis auf die oben citirten Stellen des dialog. de orat. enthalten sein; ein Argument mehr, ihn dem Tacitus zuzuschreiben.

Vergl. III. 4. 5—10. 21—25. Lucret. I. 924—30. Propert. IV. 1. 1 ff. 17 ff. IV. 2. 1 ff. 25 ff. III. 12, 29—31:

> Sic me nec solae poterunt avertere silvae,
> nec vaga muscosis flumina fusa jugis,
> quin ego in assidua mutem tua nomina lingua.

Diese Auffassung der Natur führt schon in die alte Mythologie zurück. Am tiefsten ist die Zusammengehörigkeit von Dichter und Natur vielleicht in der Sage von Orpheus ausgesprochen.

Pazschke bemerkt S. 28 zu Od. IX. 116 ff., daß mit keinem Worte des Eindrucks gedacht werde, den eine solche in ungestörtem Frieden ruhende Natur, eine noch jungfräuliche Gegend hervorrufe. Freilich sagt es uns der Dichter nicht mit dürren Worten, eine wie eigenthümliche Empfindung durch dieselbe erweckt werde. Pazschke vergißt hier ganz, wie wenig es die Art des Volksepos ist, sich in die Schilderung des Gefühlslebens zu vertiefen.

Homer verweilt lange bei der Beschreibung des einsam schönen Landes. Es ist reich an Wäldern; aber nur wilde Ziegen klettern dort; kein Hirt oder Jäger betritt es, und unbesäet, ungepflügt wildert es menschenleer. Am Strande des graulichen Meeres verbreiten sich Wiesen, feucht und schwellend von Gras,

> „Aber am Haupte der Bucht ergießt sich blinkendes Wasser,
> quellend aus Felsengeklüft, und umher sind grünende Pappeln."

Virgil sagt Georg. II. 438 f.

> — — — juvat arva videre
> non rastris hominum non ulli obnoxia curae.

Vergl. III. 291—94. Eurip. Hippol. 70 ff. Tibull. IV. 13. 9 und 10.

Aber auch das gemüthliche Interesse an der Natur, der Herzensantheil an derselben, durch den sie uns wie ein treuer Freund erscheint, tritt oft auf das rührendste hervor. Die Staël bezeichnet das hübsch mit: comprendre la nature non seulement en poëte, mais en frère. So feiert Catull das Wiedersehen seiner Sirmio Carm. 31:

> Peninsularum, Sirmio, insularumque
> ocelle, — — —
> quam te libenter, quamque laetus inviso!
> vix mihi ipse credens Thyniam atque Bithynos
> liquisse campos et videre te in tuto.
> — —
> salve, o venusta Sirmio, atque hero gaude,
> gaudete vosque Lariae lacus undae etc.

Oefters hat man nach dieser Richtung schon auf den ergreifenden Abschied des Aias von der Natur hingewiesen, der selbst in einzelnen Worten auf überraschende Weise an den Monolog der Jungfrau von Orleans erinnert. Er sieht das schöne Sonnenlicht zum letzten Male Soph. Aias V. 856—65.

> πανύστατον δὴ κοὔποτ' αὖθις ὕστερον.

V. 459 sagt er, ihn hasse das ganze troische Gefild. Denn wie zur Liebe wird die Natur auch zum Hasse erregt. Vers 412—427 redet er das Meer, die seebespülten Grotten, den Hain am Gestade an. Nicht länger mehr (mit schöner Empfindung wird das οὐκ ἔτι wiederholt) athmet er diese Luft. Und nochmals bricht diese Wehmuth 421 hervor:

> οὐκ ἔτ' ἄνδρα μὴ τόνδ' ἴδητ'. —

Ein herrliches Gemüth offenbart die Liebe, welche Philoctet zu seiner rauhen Felseninsel trägt, Soph. Phil. 936 ff.

> ὦ λιμένες, ὦ προβλῆτες, ὦ ξυνουσίαι
> θηρῶν ὀρείων, ὦ καταρρῶγες πέτραι,

ὑμῖν τάδ᾽, οὐ γὰρ ἄλλον οἶδ᾽ ὅτῳ λέγω,
ἀνακλαίομαι παροῦσιν τοῖς εἰωθόσιν.
κ. τ. α.

Vergl. 952. Der Natur „seiner bewährten Freundin" klagt er sein Leid. Und als ihm nun Rettung aus seinem einsamen Elende wird, da nimmt er voll Rührung von derselben Abschied. Zum letzten Male ruft er an sein trautes Felsenhaus, die Quellen auf den Wiesen, das Gebraus der Wogen an dem steilen Fels, den Berg, der seine Klagen so oft widerhallend ihm zurückgab. Ja, und das ist mit der wunderbarsten Kunst und der tiefsten Seelenkenntniß gesagt, von der Wehmuth dieser Trennung wird ihm das frohe Gefühl der Rettung und der Blick in eine glückliche Zukunft umhüllt. Das alles ist in dem herrlichen Verse:

λείπομεν ὑμᾶς, λείπομεν ἤδη

zusammengefaßt. Das mit Nachdruck an den Schluß der tief ausdrucksvollen Wiederholung des λείπομεν gestellte ἤδη ist über alles Lob erhaben. Das betrübte Herz giebt ihm als Grund seines Scheidens nicht den eigenen Wunsch und Willen an; es ist die hohe Hand des Schicksals (ἡ μεγάλη Μοῖρα), der Rath der Freunde (γνώμη φίλων) und die allmächtige Gottheit (ὁ πανδαμάτωρ δαίμων), die dies so fügen. — Wir setzen eine kurze Bemerkung über die Aeußerungen des Natursinnes im griechischen Drama überhaupt hinzu. Nach den innersten Gesetzen desselben kann der Verherrlichung der Natur nur der geringste Raum gestattet sein. Nur als ein vorübergehender Reflex in den Gemüthern oder durch eine sinnvolle Entgegensetzung ihrer Ruhe und ihres Friedens mit dem Kampf der Leidenschaften und der Zerrüttung der sittlichen Welt kann die Natur in die bewegte Handlung des Dramas eingreifen. Wo das moderne Schauspiel hierüber hinausgeht, hat es auch seine eigenen Grenzen überschritten. In dem angedeuteten Sinne aber (man denke besonders an die Chorgesänge, welche so oft ein tiefes Naturgefühl athmen) steht das antike Drama dem modernen um nichts nach, ja es übertrifft dasselbe. Plinius schreibt V. 18. einem Freunde: es müsse ihm wohl sein; denn er habe ja seine Lieben um sich, und: frueris mari, fontibus, viridibus, agro, villa amoenissima. Neque enim dubito esse amoenissimam, in qua se composuerat homo felicior, antequam felicissimus fieret. Und hierher ist es zu ziehen, wenn Virgil von einem sterbenden Helden mit ganz sentimentalem Ausdruck sagt:

— — — — — coelumque
adspicit et dulcis moriens reminiscitur Argos.
Aen. X. 781 f.

So wird auch das Aussterben oder die plötzliche Vernichtung der Gebilde der Pflanzenwelt mit Wehmuth und herzlichem Mitleid betrachtet, und leicht verbindet sich damit die Stimmung religiösen Schauers. Vergl. die von Zeus' Blitzstrahl gefällte Eiche Il. XIV. 414—18. Der schöne Simoeisios stürzt von Aias Speer getroffen zu Boden:

— — — αἴγειρος ὥς,
ἥ ῥά τ᾽ ἐν εἱαμενῇ ἕλεος μεγάλοιο πεφύκῃ
λείη, ἀτάρ τέ οἱ ὄζοι ἐπ᾽ ἀκροτάτῃ πεφύασιν·

nachdem sie aber mit funkelndem Eisen gefällt ist, liegt sie vertrocknet da:

ἡ μέν τ᾽ ἀζομένη κεῖται ποταμοῖο παρ᾽ ὄχθας.
Il. IV. 482—88.

Und nicht minder schön wird uns in einem ähnlichen Gleichniß geschildert, wie sich ein Mann an sprudelnder Quelle einen üppig grünenden Oelbaum aufgezogen hat; ihn fächeln die säuselnden Lüftchen, und ganz ist er mit weißen Blüthen bedeckt. Da reißt ihn plötzlich wirbelnder Sturm aus und streckt ihn zu Boden. Il. XVII. 53—59. (Die Helden des Homer werden mit Vorliebe Bäumen verglichen; siehe auch Il. XIII. 437. XII. 132—35.) Zu wehmüthiger Trauer stimmt das Fallen der Blätter im Herbst: es ist ein Abbild des Menschenlebens Il. VI. 146 ff.:

οἵη περ φύλλων γενεὴ τοίηδε καὶ ἀνδρῶν.
φύλλα τὰ μέν τ' ἄνεμος χαμάδις χέει, ἄλλα δέ θ' ὕλη
τηλεθόωσα φύει, ἔαρος δ' ἐπιγίγνεται ὥρη·
ὣς ἀνδρῶν γενεὴ ἡ μὲν φύει, ἡ δ' ἀπολήγει.

Il. XXI. 464—67. Mimnermos No. 2.

Aber nicht bloß der Mensch sympathisirt mit der Natur, auch diese mit dem Menschen. Sie freut sich mit ihm; der Himmel lächelt (Hymn. in Cer. 13 u. 14), die Welle jauchzt und hüpft um den Kiel des Schiffes, und freudig strahlt das Erdreich (ἐγέλασσε δὲ πᾶσα περὶ χθών).

Paßschke hat nun freilich einmal beschlossen, daß die Natur im Homer dem Menschen gegenüber „durchaus ohne Selbstthätigkeit" sei (S. 5); und um zu beweisen, daß „die leblose Natur gerade als die unempfindliche" galt, sagt er, als eine Bezeichnung, wie mitleidlos Achill sei, heiße es von ihm: steile Felsen und das leuchtende Meer hätten ihn geboren Il. XVI. 33 ff.

Sind das denn etwa bei uns die Symbole zarten Mitleidens, weicher Empfindung? — Diesem sympathetischen Verhalten der Natur entspricht es, wenn in der Klage um Bion (Moschos III.) die ganze Natur zur Mittrauer aufgefordert wird, und wenn beim Virgil Ecl. VII. 53—60 Corydon sagt, wie alles von Lächeln strahle, wenn der schöne Alexis weile, und trauernd stehe, wenn er scheide. Thyrsis antwortet ihm in derselben Art:

> Phyllidis adventu nostrae nemus omne virebit etc.

Vergl. Georg. IV. 461. Theocr. VII. 74. VIII. 43 u. 44.

> Παντᾶ ἔαρ, παντᾶ δὲ νόμοι, παντᾶ δὲ γάλακτος
> οὔθατα πλήθουσιν, καὶ τὰ νέα τρέφεται,
> ἔνθ᾽ ἁ καλὰ παῖς ἐπινίσσεται, αἰ δ᾽ ἂν ἀφέρπῃ
> χὡ ποιμὰν ξηρὸς τηνόθι χ᾽ αἱ βοτάναι.

Hier mag die Bemerkung Prellers (röm. Myth. 482) Platz haben, sowohl in Italien als anderswo habe der Glaube gegolten, „daß zwischen dem Verstorbenen, der im Grabe ruhe, und den Gewächsen seiner Erddecke ein inniges Wechselverhältniß bestehe, ja, daß der Gemüthsart des Verstorbenen gemäß bald zartere, bald wildere Gewächse aus derselben keimten." In diesem Sinne wird in der Anthologie das Grab des Timon und des Sophocles geschildert, und hierbei mag auf die Sitte, einen Leichnam in Gras und Blumen zu legen (Virg. Aen. XI. 66 ff.), die Gräber der Lieben mit anmuthigen Gewächsen zu schmücken, sowie auf die schönen Verse des Properz hingewiesen werden:

> Di faciant, mea ne terra locet ossa frequenti,
>   qua facit assiduo tramite vulgus iter.
>
> — — —
>
> Me tegat arborea devia terra coma etc.
>   Prop. IV. 16. 25 ff.

Vergl. V. 5. 1.

> Terra tuum spinis obducat, lena, sepulcrum.

Es ergiebt sich schon aus dem Bisherigen, wie offen das Herz der Alten dem Gefühle eines geheimnißvollen Zusammenhanges der Natur mit den Menschengeschicken, der mystischen

Einheit beider Gebiete, stand. Dafür kann der schöne My=
thus von den Nymphen der Berge (denn sie nehmen ja an
der Menschennatur Theil) im Hymn. Hom. in Vener. 257
—74 angeführt werden. Mit ihnen wachsen auf den ragen=
den Bergen schöne Fichten und hochwipfelige Eichen im heili=
gen Götterhaine auf (τεμένη δέ ἑ κικλήσκουσιν ἀϑανάτων);
mit ihnen blühen sie und sterben sie ab:

ἀλλ᾽ ὅτε κεν δὴ Μοῖρα παρεστήκῃ ϑανάτοιο,
ἀζάνεται μὲν πρῶτον ἐπὶ χϑονὶ δένδρεα καλά,
φλοιὸς δ᾽ ἀμφιπεριφϑινύϑει, πίπτουσι δ᾽ ἀπ᾽ ὄζοι·
τῶν δέ ϑ᾽ ὁμοῦ ψυχὴ λείπει φάος ἠελίοιο.

Damit ist zu vergleichen, was der ältere Plinius erzählt [1]),
daß nämlich vor dem Tempel des Quirinus 2 Myrten ge=
standen hätten, die eine die patricische, die andere die plebeji=
sche genannt; und je nach dem Wachsen oder Sinken der
Partei, deren Namen sie trugen, hätten sie fröhlich gegrünt
oder seien sie verkümmert, bis endlich die patricische gänzlich
verwelkt sei. Besonders Virgil verweilt gern bei diesem dun=
keln Zusammenhange. So malt er die Schrecken, welche bei
Cäsars Tode durch die ganze Natur gehen Georg. I. 463—
89: Röthlicher Dunst verschleiert das glänzende Antlitz der
Sonne, und schon fürchtet das gottlose Geschlecht den Anbruch
ewiger Nacht. Erde und Meer geben unheilvolle Zeichen —

— — insolitis tremuerunt motibus Alpes.
vox quoque per lucos volgo exaudita silentes
ingens et simulacra modis pallentia miris
visa sub obscurum noctis; — — —
— — — — — et altae
per noctem resonare lupis ululantibus urbes.
non alias coelo ceciderunt plura sereno
fulgura, nec diri toties arsere cometae.

[1]) Histor. nat. XV. 29. 36. Preller, röm. Mythol. 329.

Nimmt man die Prodigien hinzu, welche Livius mit so großer Gewissenhaftigkeit aufzählt, so wird man in ihnen neben vielem Abstrusen und Sonderbaren den starken Eindruck eigenthümlicher Naturvorgänge auf das Gemüth gewahren. So heißt es: der Himmel brennt, das Meer brennt, die Sonne färbt sich roth, blutig, bei Tage verbreitet sich Finsterniß, bei Nachtzeit tagt es; der Himmel spaltet sich velut magno hiatu, und wo er offen steht, strahlt ein unendliches Licht (XXII. 1.), es wettert am klaren Himmel, Erdbeben erschüttern das Land[1]), die Erde spaltet sich (arboresque in profundum haustae), das Wasser färbt sich blutig, Doppelsonnen oder -Monde stehen am Himmel; sehr häufig werden die dämonischen Stimmen in der Natur erwähnt; so I. 31. vox ingens ex summi cacuminis luco audita; — vox coelestis ex Albano monte missa. II. 7. ex silva Arsia ingens edita vox silentio noctis.

Man hat die Natur die „erstarrte Intelligenz" (besser die schlummernde) genannt; in ihrer Einsamkeit voller Schauer, in der lautlosen Stille macht sie den Eindruck, als ob sie erwachen, als ob jeden Augenblick die Stimme hervorbrechen könnte. Diese Empfindung kommt in jenen geisterhaften Stimmen des Waldes und der hallenden Berge, wie die Alten sie zu vernehmen glaubten, zum Ausdruck. Besonders die Mittagsstunde, wo die Sonne vom hohen Himmel die lastende Schwüle ergießt, wo sich so eigenthümlich in der Natur der hellste Glanz und das tiefste Schweigen verbinden, ist die Zeit dieses dämonischen Erwachens. Dann erschallt plötzlich

---

1) Im Frg. Vegoiae (Dissert. jur. sumpt. Cottae 1845) wird gesagt, wenn von frevelnder Hand Grenzsteine versetzt werden: Tum etiam terra a tempestatibus vel turbinibus plerumque labe movebitur etc.

der furchtbare Ruf des im Mittagsschlummer gestörten Pan, des Faunus; vergl. Auson. Mos. 178—85.

> Dicitur et, medio cum sol stetit igneus orbe,
> ad commune fretum Satyros vitreasque sorores
> consortes celebrare choros, cum praebuit horas
> secretas hominum coetu flagrantior aestus etc.

Und mit romantischer Empfindung wird Hymn. Hom. in Cer. 38 von der Stimme der geraubten Proserpina gesagt:

> ἤχησαν δ' ὀρέων κορυφαὶ καὶ βένθεα πόντου
> φωνῇ ὑπ' ἀθανάτῃ. — .

Nimmt man hinzu, daß die meisten einzelnen Gegenstände in der Natur für die Alten eine Bedeutung, ein inneres Leben hatten, wovon in uns die abstracte Aufklärung auch kaum nur die Ahnung zurückgelassen hat, so fordert das zu doppelter Vorsicht des Urtheils auf. Feuer, Erde, Wasser — das Meer, der Hain, das Getreide, das Salz, Thiere und Pflanzen, alles hatte seine symbolische, religiöse Bedeutung, die für das Bewußtsein der Alten nicht wie eine angeklebte Devise, sondern unzertrennlich eins mit der Sache war. Die Rechtsalterthümer[1]) und der Cultus lassen uns einen Einblick in diese Anschauung der Naturdinge thun. So begreift man erst völlig, welche Bedeutung die Entgötterung der Natur eigentlich habe. In dieser sehen freilich die Naturwissenschaften ihren Triumph; — mit Recht; aber die verständige Einsicht in die Natur der Dinge, die sie hervorgebracht haben, ist vor dem ästhetischen Richtstuhl doch zugleich eine Niederlage des Schönen und Bedeutungsvollen. —

---

1) Die oben genannte anonyme Abhandlung, eine sehr unklare Arbeit, liefert wenigstens Material hierfür.

Entsprach es ferner der christlichen Anschauung, an den Anfang und das Ende der Geschichte der Menschheit das Bild einer reineren, schöneren, einer idealen Natur zu stellen (denn die gegenwärtige seufzt unter demselben Fluche wie die Menschheit), so finden wir doch auch bei den Alten Vorstellungen, die damit zu vergleichen sind, die aber nach dem Maß des antiken Geistes nicht jenen düstern Zwiespalt, jenen Gegensatz des Gemüthes gegen die Wirklichkeit verrathen.

Lucret. II. 1144—71 wird geschildert, wie die Welt schwächliches Alter überkomme.

> Ipsa (terra) dedit dulceis foetus et pabula laeta,
> quae nunc vix nostro grandescunt aucta labore.

> Jamque caput quassans grandis suspirat arator
> crebrius incassum magnum cecidisse laborem.

Nach rückwärts weist die Idee des goldenen Zeitalters, welches besonders die römischen Dichter so gern in den lieblichsten Farben schildern. Wie ein Ueberbleibsel aus dieser seligen Zeit ist die reizende, üppige Natur des märchenhaften Phäakenlandes. Später blüht die ursprüngliche Vollendung der Natur nur noch im fernen Westen und im hohen Norden bei den gerechten Hyperboräern und auf den ewig heitern Höhen des Olympus, wo die leicht lebenden Götter wohnen. Da ist die Natur leiblos und strahlt von unsterblichem Glanze Od. VI. 43—46:

> — — — οὔτ' ἀνέμοισι τινάσσεται, οὔτε ποτ' ὄμβρῳ
> δεύεται, οὔτε χιὼν ἐπιπίλναται· ἀλλὰ μάλ' αἴθρη
> πέπταται ἀνέφελος, λευκὴ δ' ἐπιδέδρομεν αἴγλη.

In dem herrlichen Chorliede Eur. Hippol. 739—61 wird diese ideale, schmerzlose Natur gepriesen, und zugleich überrascht uns der unverhüllte Ausdruck einer tiefen Sehnsucht nach ihrer unentwegten Seligkeit. Mit dem Bilde der jenseitigen, verjüngten, wiedergesühnten Natur können Vorstellungen wie die der seligen Inseln und des Elysiums in der Unterwelt zusammengehalten werden.

So beschreibt Virgil Aen. VI. 640 die sedes beatae: hier ist ein unvergänglicher Frühling, ein ewig heiterer Himmel, eine schönere Sonne:

> Largior hic campos aether et lumine vestit
> purpureo, solemque suum, sua sidera norunt.

„Ein herrliches Land mit üppigen Thälern, schimmernden Strömen, duftenden Hainen, ragenden Bergen, die ihre Scheitel in die ewig heitere Luft emporstrecken" (Preller). Vergl. Od. IV. 563—69. Hes. W. u. T. 170 ff. Dagegen werden die Gefilde der unglücklich Liebenden mit ihren Myrtenhainen und den versteckten, schattig dunkeln Pfaden selber „campi lugentes" genannt. — Der Hain der Proserpina Od. X. 509 u. 10 besteht aus Pappeln und Weiden. Pazschke meint (S. 9), wir hätten hier vielmehr Bäume von dunkelm, düsterem Laube erwarten müssen; jene Gewächse seien aber nur als ὠλεσίκαρποι genannt, und es liege nur wieder eine Rücksicht auf den genießenden Menschen vor. Pazschke traut dem Homer so oft keine Empfindung zu, weil er nicht wie die modernen Lyriker und Romanschreiber so zu sagen das Herz in der Hand trägt. Man braucht ja nur die schwanke, traumartige, farblose Weide, die lispelnde, melancholische Pappel zu sehen, um in ihnen die nothwendige Staffage der griechischen Unterwelt zu erkennen.

Alle diese Aeußerungen des Naturgefühls waren unserer Empfindung schon dadurch verwandt, daß sie mit einer gewissen Wehmuth oder Sehnsucht gemischt sind; viel seltener tritt das Gegenspiel derselben uns bei den Alten entgegen, daß nämlich der Mensch an den erhabenen Erscheinungen der Natur die unendlich überragende Größe des Geistes mißt und mit den Wundern derselben die größeren des inneren Lebens vergleicht. Dies ist mehr als alles bisher Genannte der Reflexion des modernen Bewußtseins eigen. — Jener frevelnde Uebermuth der Götterverachtung, der unbeugsame Sinn der Titanen, eines Aias (der Lokrer), Kapaneus, Bellerophon, sie sind selbst nur wie unbändige Naturgewalten. Nur in dem Prometheus tritt jene auf sich selbst gegründete Festigkeit, die schrankenlose Freiheit des Subjectes, der edle Trotz, das sieghafte Leiden eines großen göttlichen Gemüthes auf überraschende Weise hervor. Der antike Geist war vielmehr durch fromme Scheu vor aller Selbstüberhebung und der alles Uebergroße hassenden Nemesis, durch jenes ihm immanente Maß gebunden. Erst die jüngeren Systeme der Philosophie brachten einen entschiedenen Subjectivismus zu Tage, der freilich von dem modernen noch immer durch eine breite Kluft getrennt ist. Wir können auch hier an ein treffliches Wort der Staël (de l'Allem. III. 261) über die Empfindung des Romantischen erinnern: Les nations ardentes ne parlent de la sensibilité qu'avec terreur; les nations paisibles et rêveuses croient pouvoir l'encourager sans crainte. — In der großartigen Beschreibung des Wolkenbruches Virg. Georg. I. 322—34 heißt es z. B., ohne eine active Rückwirkung des Subjectes anzudeuten:

> Terra tremit: fugere ferae et mortalia corda
> per gentes humilis stravit pavor etc.

und Lucrez bezeichnet Lib. V. 1217—25 wohl sehr treffend

die Stimmung, welche im antiken Menschen von den furchtbaren Naturgewalten zunächst hervorgerufen wurde:

> Praeterea, cui non animus formidine Divum
> contrahitur? cui non conrepunt membra pavore,
> fulminis horribili cum plaga torrida tellus
> contremit, et magnum percurrunt murmura coelum?
> non populi gentesque tremunt? Regesque superbi
> conripiunt Divum perculsi membra timore,
> ne quod ob admissum foede dictumve superbe
> poenarum grave sit solvendi tempus adactum?

Aber Horaz leiht dem Gefühl der ewigen Freiheit des Geistes schöne Worte in seinem „justum et tenacem propositi virum" Carm. III. 2, 33—39:

> nicht schreckt ihn
> auster,
> dux inquieti turbidus Hadriae,
> nec fulminantis magna manus Jovis:
> si fractus illabatur orbis,
> impavidum ferient ruinae.

Vergl. Ovid. Trist. I. 11. 33 u. 34:

> Pectora sunt ipso turbidiora mari.

Zu vergleichen ist hier überhaupt die ganze elfte Elegie (eine der schönsten), in der er den furchtbaren Seesturm beschreibt, von dem er auf der Fahrt nach Tomi überfallen wird. Mitten in dem wilden Toben des Sturmes beginnt er zu dichten V. 7—13:

> Quod facerem versus inter fera murmura ponti,
> Cycladas Aegaeas obstupuisse puto.
> ipse ego nunc miror, tantis animique marisque
> fluctibus ingenium non cecidisse meum.
> seu stupor huic studio, sive est insania nomen;
> omnis ab hac cura mens relevata mea est.

V. 39—44:

> Improba pugnat hiems indignaturque, quod ausim
> scribere, se rigidas incutiente minas.

vincat hiems hominem; sed eodem tempore, quaeso,
ipse modum statuam carminis; illa sui.

Die Wuth der Elemente, die Schrecken einer unwirthlichen, feindlichen Natur schwinden in das Nichts dahin vor der allsiegenden Macht der Liebe; vergl. Hor. Carm. I. 22. 17—24, vor allem aber die wundervollen Worte in Musaeus Her. et Leand. 243—250:

*Δεινὸς Ἔρως καὶ πόντος ἀμείλιχος· ἀλλὰ θαλάσσης
ἐστὶν ὕδωρ, τὸ δ᾽ Ἔρωτος ἐμὲ φλέγει ἐνδόμυχον πῦρ.
λάζεο πῦρ, κραδίη, μὴ δείδιθι νήχυτον ὕδωρ.
δεῦρό μοι εἰς φιλότητα· τί δὴ ῥοθίων ἀλεγίζεις;
ἀγνώσσεις, ὅτι Κύπρις ἀπόσπορός ἐστι θαλάσσης,
καὶ κρατέει πόντοιο, καὶ ἡμετέρων ὀδυνάων;*

Wenn indessen Plinius in der großartigen Schilderung jenes furchtbaren Vesuvausbruches, der Herculanum und Pompeji verschüttete, von sich erzählt, er habe mit seiner Mutter bei jenem schrecklichen Naturschauspiel in area domus, quae mare a tectis modico spatio dividebat, gesessen, sich den Titus Livius bringen lassen und, wie er angefangen hatte, excerpirt (ein Oheim schilt seine Sorglosigkeit: nihilo segnius ego intentus in librum), so erscheint uns das wie eine widrige Affectation stoischer Ruhe und Gleichgültigkeit. Vergl. Ep. 16 u. 20 Lib. VI. —

Humboldt bemerkt, es sei von Anfang an die Richtung des christlichen Gemüthes gewesen, aus der Schönheit und Größe der Natur die göttliche Weltordnung zu erweisen. Derartige Aeußerungen stehen im Alterthum nun allerdings sehr vereinzelt da; vergl. oben Cic. de nat. Deor. II. 37. Plutarch. de tranq. an. p. 477 C.

Freilich sind solche Beweisführungen und Ergüsse von der Kirche vielleicht noch bedenklicher als von der Philosophie aufgenommen worden. Die Gründe dafür liegen auf der Hand; — doch ist hier nicht der Ort darauf einzugehen. Die Ursache aber, weshalb wir solchen Deductionen bei den Alten selten begegnen, liegt nicht darin, daß sie eine minder lebhafte Empfindung für die Herrlichkeit der Natur gehabt hätten. Dieselbe galt vielmehr als der ewig sichere und gegenwärtige Besitz, der natürliche Inbegriff alles Guten und Schönen, wie der Name κόσμος, die seit Zeus Herrschaft waltende Weltordnung, es ausdrückt; sie ist das, was nicht anders sein und gedacht werden kann; die gute Welt, und nicht die „beste" unter vielen möglichen. Das was später von der Reflexion als Beweis usurpirt ward, galt als so selbstverständlich, daß sich die Betrachtung gar nicht darauf wandte. Jenes Eindringen der Reflexion selbst, daß man beweisen wollte, was bisher an sich gewiß war, zeigt, daß an die Stelle der Lebenseinheit mit der Natur, die Entfernung von ihr, der sehnende Rückblick, der Dualismus getreten war.

Je mehr wir uns ferner den Grenzen des Alterthums nähern, desto häufiger begegnen wir dem Ausdruck ganz individueller Empfindungen, dunkel geheimer Erregungen des Gefühles.

Dahin können wir die Aeußerungen des heimlichen Behagens rechnen, am sichern Herde, beim flackernden Feuer, auf weichem Lager das Unwetter draußen, den tobenden Sturm, den rauschenden Regen zu vernehmen.

Besonders schön sagt Tibull I. 1. 45 ff.:

> Quam juvat immites ventos audire cubantem
> aut gelidas hibernus aquas cum fuderit auster,
> securum somnos imbre juvante sequi!

Aber auch beim Sophocles finden wir diese Empfindung ausgesprochen:

> φεῦ, φεῦ, τί τούτου χάρμα μεῖζον ἂν λάβοις
> τοῦ γῆς ἐπιψαύσαντα κᾆθ᾽ ὑπὸ στέγῃ
> πυκνῆς ἀκοῦσαι ψακάδος εὐδούσῃ φρενί.

frg. Soph. Dind. 563. Vergl. Hor. Carm. I. 9. Virg. Georg. III. 376—381. I. 300—303.

In diesem Zusammenhange dürfen wir wohl erwähnen, daß der Wunsch der Beflügelung, die naive Sehnsucht nach dem leichten, freien, fröhlichen Leben des Vogels, wie sie unsere Volkslieder so oft und so hübsch aussprechen, auch bei den Griechen öfters zum Ausdruck kommt.

So heißt es in einem Frgm. des Sophocles (432):

> γενοίμαν αἰετὸς ὑψιπέτας, ὡς
> ἂν ποταθείην ὑπὲρ ἀτρυγέτου γλαυκᾶς
> ἐπ᾽ οἶδμα λίμνας.

Vergl. Eurip. Hippol. 739 ff., wo der Chor sich wünscht auf freiem Vogelfittich die Welt zu durchschweifen:

> ἠλιβάτοις ὑπὸ κευθμῶσι γενοίμαν,
> ἵνα με πτεροῦσσαν ὄρνιν
> θεὸς ἐν ποταναῖς
> ἀγέλαισι θείη·
> ἀρθείην δ᾽ ἐπὶ πόντιον
> κῦμα τᾶς Ἀδριηνᾶς
> ἀκτᾶς, Ἠριδανοῦ θ᾽ ὕδωρ κ. τ. α.

Eur. Helena 1497.

> δι᾽ ἀέρος εἰ ποτανοὶ
> γενοίμεσθα Λίβυες
> οἰωνοί, στολάδες,
> ὄμβρον λιποῦσαι χειμέριον, κ. τ. α.

V. 1507:

> ὦ ποταναὶ δολιχαύχενες
> σύννομοι νεφέων δρόμου κ. τ. α.

Eur. Androm. 863:

κυανόπτερος ὄρνις εἴθ᾽ εἴην κ. τ. α.

Vergl. Eur. Phoen. 165 ff. Soph. Oed. Col. 1081—83. Eur. Ion. 809 ff.

Auson bemerkt die spielende Hand der Natur in den leichten, feinen Zeichnungen der Welle im Ufersand Mos. 63, das Nicken und Zittern der Gräser in der grünenden Tiefe:

> Inclinata tremunt viridi quod gramina fundo;
> utque sub ingenuis agitatae fontibus herbae
> vibrantes patiuntur aquas — —

das Flimmern und Blitzen der Steinchen im Moose auf dem Grunde des Flusses:

> — — — lucetque latetque
> calculus, et viridem distinguit glarea muscum.
> — — —
> Detegit admixtos non concolor herba lapillos.

V. 66—74.

Er freut sich des Blickes in die geheimnißvolle, und doch so klare, die lockende Krystalltiefe des Wassers:

> Spectaris vitreo per levia terga profundo
> secreti nihil amnis habens — (55 f.);

und in einem schönen Bilde wird das flüchtige, widerstands= lose Element mit der klaren Luft verglichen: so wenig die spielenden Lüftchen hindern zum heitern Himmel emporzu= blicken, so wenig auch die leichten Wellen in die heimliche Tiefe hinabzuschauen:

> Sic demersa procul, durante per intima visu,
> cernimus, arcanique patet penetrale fluenti.

V. 59 u. 60.

Wie herrlich spiegelt sich das Bild der Ufer im Strome!

> — — — glaucus opaco
> respondet colli fluvius, frondere videntur

> fluminei latices et palmite consitus amnis.
> quis color ille vadis, seras cum protulit umbras
> Hesperus, et viridi perfundit monte Mosellam!
>
> V. 189—95.

Die ferne Rebe zittert und nickt traumhaft im spiegelklaren Wasser; in der Mitte des Flusses aber verschwimmt das Bild der Ufer V. 198 u. 99:

> — — — qua sese amni confundit imago
> collis, et umbrarum confinia conserit amnis.

Hierher können wir auch die romantische Empfindung für Ruinen und das zerfallene, altersgraue Gemäuer ziehen, welche die Gedanken zur wehmüthigen Betrachtung der Vergangenheit wecken; sowie die Freude an dem schönen Contrast der regelmäßigen Formen der Architectur mit denen der freien Landschaft. Manche Belege für beides giebt das spätere Alterthum.

Plinius erwähnt in seinen Briefen oft die Aussicht auf schöne Villen in anmuthiger Gegend. Besonders ist aber auch hier wieder Auson zu nennen, indem er uns die herrlichen Landhäuser an den Ufern der Mosel schildert V. 298 f.:

> Qui potis, innumeros cultusque habitusque retexens,
> pandere tectonicas per singula praedia formas?

Er nennt sie fluvii decoramina. V. 283—87 heißt es:

> Talia despectant, longo per caerula tractu
> pendentes saxis, instanti culmine villae;
> quas medius dirimit sinuosis flexibus errans
> amnis; et alternas comunt praetoria ripas.

V. 321—37 beschreibt er die verschiedene landschaftliche Lage solcher Villen. So wird von der einen gesagt:

> Haec summis innixa jugis labentia subter
> flumina despectu jam caligante tuetur;

und von einer anderen:
> Haec est nativi sublimis in aggere saxi;

und wieder eine andere genießt des freien Blickes weit in die Lande:
> Illa tenens collem, qui plurimus imminet amni,
> usurpat faciles per culta, per aspera visus,
> utque suis fruitur dives speculatio terris.

Vergl. V. 335.
> Atria quid memorem viridantibus assita pratis,
> innumerisque super nitentia tecta columnis?

Eine Anzahl von Gedichten in der Anthologie[1]) sind der melancholischen Betrachtung über die Trümmer der zerfallenen Vorwelt gewidmet. „Das arme Myken ist öde wie Felsen des Meeres oder wie Weiden des Viehs; die feste Burg göttlicher Fürsten durchwandeln jetzt Heerden und Hirten; nur der Name blieb von aller Herrlichkeit. Im verödeten Sparta erbaun die Böglein wehklagend am Boden die Nester, und das verlassene Delos ist den anderen Inseln ein Muster der Einsamkeit geworden." — Verse des Virgil und Auson zeigen uns die Bauten, wie sie die Natur gleichsam schon wieder in ihren Bereich gezogen hat, im ehrwürdigen Schmucke des Alters:
> Adde tot egregias urbes operumque laborem,
> tot congesta manu praeruptis oppida saxis,
> fluminaque antiquos subterlabentia muros.

Georg. II. 155 ff. Auson. Mos. 454 u. 55:
> Addam urbes, tacito quas subterlaberis alveo,
> moeniaque antiquis te prospectantia muris.

Wir gehen nun endlich dazu über, das innige Gefühl, die lebendige und poetische Auffassung einzelner Gebilde oder Er-

---

1) Bei Jakobs sind sie Bd. I. Abth. II zusammengestellt.

scheinungen der Natur, die auch den modernen Menschen vorzugsweise anziehen, in Aeußerungen der Alten aufzuweisen.

Wir nennen zuerst die Welt des Lichts und die wechselnden Erscheinungen desselben¹).

Bedeutungsvoll ist der schöne Sprachgebrauch, nach dem ζώειν und ὁρᾶν φάος ἠελίοιο synonymisch gebraucht wird (vergl. εἶναι ἐν φάει, lucem intueri, luce privari), und φάος, lux Leben, Heil, Rettung, Sieg oder das Liebste auf der Welt bezeichnet.

Ueberall wird das reinste Entzücken an dem heitern Licht der Sonne ausgesprochen; es wird vor allem andern genannt So von Menander im Ὑποβολιμαῖος p. 166²). Es wird hier derjenige als der glücklichste gepriesen, welcher trauerlos der festlich hehren Schau der schönen Welt genossen und dann schnell von hinnen scheide; und nun wird näher ausgeführt, was einen so herrlichen Anblick gewähre:

(sc. θεωρήσας) τὸν ἥλιον τὸν κοινόν, ἄστρ', ὕδωρ, νέφη,
πῦρ· ταῦτα κἂν ἑκατὸν ἔτη βιῷς ἀεὶ
ὄψει παρόντα κἂν ἐνιαυτοὺς σφόδρ' ὀλίγους.

Einen besonders tiefen Eindruck scheint immer die bildende Kraft des Lichtes erzeugt zu haben, die mit jedem neuen Morgen die Welt gleichsam wieder aus dem Nichts erschafft.

---

1) Friedlaender sagt freilich (2. 119): „Vor allem fehlt ganz und gar (in der antiken Naturbeschreibung) die Hervorhebung der Wirkungen des Lichts und ihrer Modificationen durch das Medium der Luft." Aber, soweit eine solche Behauptung nur irgend welche Berechtigung hat, wird ihr nicht die richtige Begründung gegeben. Eingehende Schilderungen hiervon mußten fehlen, weil solche sich nicht sowohl direct in der Beschreibung der genannten Erscheinungen als mittelbar in der Ausmalung der von ihnen erweckten Empfindungen bewegen. Diese subjective Versenkung ist ja aber gerade das Moderne.

2) Vergl. Bernhardy griech. Liter. I. S. 39.

In einem Fragment vom Phaethon des Euripides harrt der Wächter des Landes, das „allererst mit leisen Strahlen Phö=
bus morgendlich begrüßt," ungeduldig auf das Tageslicht, „das alles wieder bildet, was die Nacht entstellt" ¹). — Virg. Aen. IX. 460 f.:

> Et jam prima novo spargebat lumine terras
> Aurora — — —
> jam sole infuso, jam rebus luce retectis.

(Die Nacht nimmt den Dingen die Gestalt und Farbe Aen. VI. 272:

> et rebus nox abstulit atra colorem.)

Lucret. II. 146 ff.:

> Quam subito soleat sol ortus tempore tali
> convestire sua perfundens omnia luce
> omnibus in promptu, manifestumque esse videmus.

Herrlich wird von Homer Il. XVI. 297 ff. der wunderbare Anblick geschildert, wenn das dunkele Gewölk plötzlich ent=
weicht und beim hellen Schimmer des nächtlichen Himmels nun die ganze Gegend in den klarsten Umrissen daliegt:

> ἔκ τ' ἔφανεν πᾶσαι σκοπιαὶ καὶ πρώονες ἄκροι
> καὶ νάπαι, οὐρανόθεν δ' ἄρ' ὑπερράγη ἄσπετος αἰθήρ.

Die unendliche Pracht, der milde und doch so strahlende Glanz der Nächte im Süden wird von den Alten ebenso tief empfunden als das freudige Tageslicht; jene Nächte, von denen Goethe sagt: „Und mir leuchtet der Mond heller als nordischer Tag;" und in denen W. von Humboldt die größte Schönheit Italiens sieht ²). So besingt der Hymn. Hom. in lunam:

---

1) Nach der Uebersetzung von Goethe. Das Original ist uns nicht zur Hand.
2) Briefe an eine Freundin. Abtheil. II. Br. 35.

Μήνην τανυσίπτερον — — —
ἧς ἄπο αἴγλη γαῖαν ἑλίσσεται οὐρανόδεικτος
κρατὸς ἄπ᾽ ἀθανάτοιο, πολὺς δ᾽ ὑπὸ κόσμος ὄρωρεν
αἴγλης λαμπούσης· στίλβει δέ τ᾽ ἀλάμπετος ἀήρ. κ. τ. α.

Vergl. Sappho frg. 3.

Ἄστερες μὲν ἀμφὶ καλὰν σελάνναν
ἂψ ἀποκρύπτοισι φάεννον εἶδος,
ὅπποτ᾽ ἂν πλήθοισα μάλιστα λάμπῃ
γᾶν ἐπὶ πᾶσαν
ἀργυρέα.

Il. VIII. 555 ff. In den prächtigen Versen des Euripides Ion 1157—73 vergl. auch 1092—1100 werden alle Wunder des gestirnten Himmels zu einem Bilde vereinigt.

„Wellenathmend" kehren aber die Gestirne ihr Antlitz doppelt schöner her. Hor. Carm. II. 5. 18—20:

— — albo sic humero nitens,
ut pura nocturno renidet
luna mari etc.

Virg. Aen. VII. 8 u. 9:

Adspirant aurae in noctem, nec candida cursus
luna negat; splendet tremulo sub lumine pontus.

Valer. Flacc. III. 558. Aen. VII. 25:

Jamque rubescebat radiis mare — —

Il. XI. 62 u. 63 wird Hector im Gewühl des Kampfes mit einem Sterne verglichen, der bald hinter den dunkeln Wolken verschwindet, bald funkelnd wieder hervortaucht:

οἷος δ᾽ ἐκ νεφέων ἀναφαίνεται οὔλιος ἀστήρ
παμφαίνων, τότε δ᾽ αὖτις ἔδυ νέφεα σκιόεντα.

Sophocles stellt den hellen Glanz des Tages herrlich mit des Dunkels freundlichem Sternenlicht zusammen:

ὡς ἡμῖν ἤδη λαμπρὸν ἡλίου σέλας
ἑῷα κινεῖ φθέγματ᾽ ὀρνίθων σαφῆ,
μέλαινά τ᾽ ἄστρων ἐκλέλοιπεν εὐφρόνη.

Soph. Electr. 17—20.

In einem höchst anmuthigen Liebchen des Bion ruft ein Jüngling, der bei Nachtzeit zur Geliebten schleicht, den Abendstern an, ihm freundlich zu leuchten:

Ἕσπερε, τᾶς ἐρατᾶς χρύσεον φάος Ἀφρογενείας·
Ἕσπερε, κυανέας ἱερόν, φίλε, νυκτὸς ἄγαλμα·
τόσσον ἀφαυρότερος μήνας, ὅσον ἔξοχος ἄστρων,
χαῖρε φίλος· κ. τ. α.

Ueberall wird die innigste Freude an den erhabenen Erscheinungen des Tagesanbruches ausgesprochen. Niemand hat aber das machtvolle Anbringen des Lichts, die Pracht des Sonnenaufgangs mit tieferer Empfindung gefeiert als Euripides. Ion. 83 ff.

ἥλιος ἤδη λάμπει κατὰ γῆν,
ἄστρα δὲ φεύγει πυρὶ τῷδ᾽ αἰθέρος
εἰς νύχθ᾽ ἱεράν.
Παρνησιάδες δ᾽ ἄβατοι κορυφαὶ
καταλαμπόμεναι τὴν ἡμέραν,
ἀψῖδα βροτοῖσι δέχονται κ. τ. α.

Phoen. 233—46:

ὦ λάμπουσα πέτρα πυρός
δικόρυφον σέλας ὑπὲρ ἄκρων
Βακχείων Διονύσου κ. τ. α.

Virgil hebt besonders hervor, wie die Morgensonne die Spitzen des höchsten Gebirgs vergoldet Aen. II. 801. XII. 113.

Postera vix summos spargebat lumine montis
orta dies — — —
Jamque jugis summae surgebat Lucifer Idae
ducebatque diem — — — Vergl. VII. 25.

Und der Chor in der Antigone begrüßt mit jubelnder Wonne das Auge des goldenen Tages 100—105:

Ἀκτὶς ἀελίου, τὸ κάλλιστον ἑπταπύλῳ φανὲν
Θήβᾳ τῶν προτέρων φάος,
ἐφάνθης ποτ᾽, ὦ χρυσέας ἁμέρας βλέφαρον,
Διρκαίων ὑπὲρ ῥεέθρων μολοῦσα κ. τ. α.

Aber auch die frühe Morgendämmerung, das erste Erwachen des Lebens in der Landschaft malt uns Euripides in einem schönen Chorgesange des Phaethon (nicht minder lieblich im Rhesus V. 547—58):

> „noch weint Philomele im Hain
> ihr sanft harmonisches Lied;
> in frühem Jammer ertönt (γόοις ὀρθρευομένα)
> Itys, Itys, ihr Rufen!"

Aber schon zieht zum frühen Tagewerk der Jäger hinaus, schon spannt der Schiffer die Segel —:

> πηγαῖς τ' ἐπ' ὠκεανοῦ
> μελιβόας κύκνος ἀχεῖ.

Vergl. Ion 155 ff., Ibycus Frgm. 6:

> Τᾶμος ἀύπνους κλυτὸς ὄρθρος ἐγείρησιν ἀηδόνας.

Die Staël sagt einmal (de l'Allem. I. 323.): Les bosquets, les fleurs et les ruisseaux suffisaient aux poëtes du paganisme; la solitude des forêts, l'Océan sans bornes, le ciel étoilé peuvent à peine exprimer l'éternel et l'infini dont l'âme des chrétiens est remplie, und III. 413: L'éclat du jour peut convenir à la joyeuse doctrine du paganisme; mais le ciel étoilé paraît le véritable temple du culte le plus pur. Das Uebertriebene an solch geistreichen Antithesen leuchtet ein. Es soll freilich nicht in Abrede gestellt werden, daß die großen Entdeckungen der Astronomie, der Blick in die Grenzenlosigkeit des Raumes, die Unendlichkeit der Welten uns mit einer veränderten, vertieften Empfindung zu den Wundern des Himmels emporschauen lassen. In der Betrachtung des unermeßlichen Alls, der Erhabenheit der transcendenten Welt wird alles Kleinliche, alle Unruhe des irdischen Daseins ausgelöscht. Aber diese erweiterte Weltanschauung hat mehr Erhabenheit des Gedankens als sinnliche

Schönheit, sie erhebt sich aus dem Gebiete des Aesthetischen, des Sinnlich-Unsinnlichen in das Reich reiner Ideen. — Um hier den Standpunct der Alten zu bezeichnen, kann auf die schönen Schillerschen Verse verwiesen werden:

> Eh' vor des Denkers Geist der kühne
> Begriff des ew'gen Raumes stand,
> wer sah hinauf zur Sternenbühne,
> der ihn nicht ahnend schon empfand?

Cicero beschreibt Acad. II. 41 sehr schön die Stimmung, welche der Anblick des Himmels und der Gestirne erweckt: Est enim animorum ingeniorumque naturale quoddam quasi pabulum consideratio contemplatioque naturae. Erigimur, elatiores fieri videmur, humana despicimus; cogitantesque supera et coelestia haec nostra ut exigua et minima contemnimus.

So ist es denn auch keineswegs allein der heitere Glanz, in dem die Landschaft ruht, das volle, klare Licht, welches die Alten mit so hohem Sinne auffaßten; es sind nicht minder der dämmernde Schimmer, der Zitterglanz des Mondes, das unsichere Zwielicht; die Schauer, die Stille und Hoheit des Nachtdunkels. Nur dürfen wir, aus guten Gründen, hier noch weniger als anderwärts ein bewußtes Hingeben an die erregte Empfindung, einen breiten Ausdruck derselben erwarten. Jenen Gefühlen ist etwas Unaussprechliches — auch ein inneres Dunkel eigen.

Und doch wie malt nicht der eine homerische Vers:

> δύσετό τ' ἠέλιος, σκιόωντό τε πᾶσαι ἀγυιαί

auf so wunderbare Weise, wie sich die Schatten des stillen Abends über das Land breiten.

Vergl. Virg. Aen. III. 508:

> Sol ruit interea et montes umbrantur opaci.

Das unsichere Licht, jener „Nebelglanz" des Mondes wird im Homer nicht erwähnt; Pazschke meint, weil die entsprechende Stimmung jener Zeit fremd gewesen sei. Sehr komisch ist es nun freilich, wenn er als Beleg die σελήνη πλήθουσα auf dem Schilde des Achilles Il. XVIII. 484 herbeizieht, und daß Il. XIX. 374 gesagt wird, der Schild habe so hell gestrahlt wie der Mond. Sollte denn der kunstreiche Hephaistos das erste oder letzte Viertel oder gar das Dämmerlicht selber in Erz abbilden?

Mehr traumhaft, ahnungsvoll erscheint der Schimmer des Mondes, wenn Virgil Aen. VI. 270 f. sagt:

> Quale per incertam lunam sub luce maligna
> est iter in silvis, ubi coelum condidit umbra
> Juppiter etc. —

Vergl. III. 584 ff.:

> Nam neque erant astrorum ignes nec lucidus aethra
> siderea polus, obscuro sed nubila coelo
> et lunam in nimbo nox intempesta tenebat.

Und so scheinen dem Aeneas im geisterhaften Mondlichte die Penaten dazustehen III. 147—53:

> — — — multo manifesti lumine, qua se
> plena per insertas fundebat luna fenestras.

Vergl. Ovid. Ep. ex Ponto. III. 3. 5 ff.

Dabei bleibt zu bedenken, daß in den glänzenden Nächten des Südens jener trüb durch die Nebel brechende Schein des Mondes nicht so wie bei uns, die „hinten im Norden ein graulicher Tag umfängt," ein gewöhnliches Schauspiel ist. Als besonders schön fügen wir noch Virg. Georg. III. 337 hinzu:

> — — — — quum frigidus aëra vesper
> temperat et saltus reficit jam roscida luna.

Wir werden an den herrlichen Goetheschen Vers erinnert: „Euch kühlet des Mondes freundlicher Zauberhauch."

Für die Nacht nun selber ist ja das tief bedeutungsvolle „ἱερός" ein stehendes Beiwort (Stesichorus Frg. 8: ἱερᾶς ποτὶ βένθεα νυκτὸς ἐρεμνᾶς). —

Eine ausführlichere Schilderung dieser heiligen Stille der Nacht, in der die ganze Natur gleichsam schlummert, finden wir Virg. Aen. IV. 522 ff.:

— — silvaeque et saeva quierant
aequora, quum medio volvuntur sidera lapsu,
cum tacet omnis ager, pecudes pictaeque volucres,
quaeque lacus late liquidos quaeque aspera dumis
rura tenent, somno positae sub nocte silenti. —
at non infelix animi Phoenissa etc.

Ueberhaupt ist Virgil besonders glücklich in den treffendsten Bezeichnungen des nächtlichen Dunkels. Man denke an Verse wie Aen. II. 8 u. 9:

— — — — et jam nox humida coelo
praecipitat, suadentque cadentia sidera somnos.

II. 360. nox atra cava circumvolat umbra; V. 621 spissae noctis umbrae. —

Herrlich ist auch darin das Wesen der finstern Nacht erfaßt, wenn im Homer das umwölkte Antlitz zürnender Götter mit ihr verglichen wird (ὁ δ' ἤϊε νυκτὶ ἐοικώς. Il. I. 47. ὁ δ' ἐρεμνῇ νυκτὶ ἐοικώς. Od. XI. 606.). Und nach derselben Symbolik des Gefühles, nach welcher ζώειν und ὁρᾶν φάος ἠελίοιο die gleiche Bedeutung hat, ist auch dem Unglücklichen das helle Sonnenlicht verhaßt, wird dem Lebensmüden die Nacht zum Tage. So sagt Aias beim Sophocles mit ergreifender Empfindung:

ἰὼ σκότος, ἐμὸν φάος,
ἔρεβος ὦ φαεννότατον, ὡς ἐμοί,
ἕλεσθ', ἕλεσθέ μ' οἰκήτορα,
ἕλεσθέ με — κ. τ. α. — V. 394—99.

Vergl. Virgil von der Dido IV. 631:

> invisam quaerens quam primum abrumpere lucem.

Auch abgesehen von dem Lichte, welches die Gestirne strahlen, fehlt es nicht an den schönsten Andeutungen aus der Zauberwelt der Scheine und Wiederscheine, des mannigfachsten Leuchtens und Blitzens in der Landschaft. Wie oft wird nicht der lobernden Wartfeuer auf den Bergen und den Klippen am Meer gedacht (Aesch. Agam. 1—25), der feuerspeienden Berge, die weithin die Nacht erhellen (vielleicht ist von den Alten keine Naturerscheinung öfter, ausführlicher und in großartigerem Geiste geschildert worden), der züngelnden Blitze, der Sternschnuppen.

Für die letzten vergl. Virg. Aen. II. 693 ff.:

> — — — — de coelo lapsa per umbras
> stella facem ducens multa cum luce cucurrit.
>
> illam, summa super labentem culmina tecti,
> cernimus Idaea claram se condere silva,
> signantemque vias; tum longo limite sulcus
> dat lucem et late circum loca sulfure fumant.

Effectvoll heißt es in der Beschreibung des trojanischen Brandes Aen. II. 312:

> Sigea igni freta lata relucent.

Lucrez beschreibt II. 323—33, freilich in einem unserer Frage fremden Zusammenhange, wie die Rüstungen der Krieger, die im Kampfe geschwungenen Waffen fernhin in der Landschaft blitzen und strahlen (fulgur ibi ad coelum se tollit, totaque circum aere renidescit tellus) und setzt dann hinzu:

> Et tamen est quidam locus altis montibus, unde
> stare videtur et in campis consistere fulgur.

Und II. 111—122 giebt er uns ein hübsches Bild von dem

Gewirre der Sonnenstäubchen in den Strahlen, die durch
Ritzen in schattige Räume bringen:

> Multa minuta modis multis per inane videbis
> corpora misceri radiorum lumine in ipso,
> et velut aeterno certamine proelia pugnasque
> edere, turmatim certantia; nec dare pausam,
> conciliis et discidiis exercita crebris.

Die phantastische Gestalt der Wolken, die wechselnden Reflexe und Spiele der Farben in ihnen, hat man gemeint, entsprächen nur den schweifenden, traumhaften Gefühlen der Romantik; und W. von Humboldt hat nicht Unrecht, wenn er sagt: „Diese Poesie der Wolkengestalten, des bald nur mit durchsichtigem Schleier, bald mit dichter, schwer herabdrückender Decke verhüllten Himmels müsse schon der Natur der Sache nach mehr im neblichten Norden als im lichten Süden ihre Heimat haben."

Indessen mangelt es nicht an Aeußerungen der Alten, welche in treffender Weise das Wesen dieser luftigen Gebilde bezeichnen und einen theilnehmenden Blick für dieselben verrathen; wir sehen dabei ganz von der primären Bedeutung mythologischer Vorstellungen ab. —

Schön rühmt der Wächter im Phaethon des Euripides (Frgm.) von seinem Lande: „rosenfingernd spielt zuerst an leichten Wölkchen Eos bunten Wechselscherz." — Aen. VII. 141 ff. läßt Juppiter himmelher eine Wolke erscheinen, die von den Strahlen des Lichtes glüht und glänzt wie Gold:

> — — radiisque ardentem lucis et auro
> ipse manu quatiens ostendit ab aethere nubem.

Besonders gern werden die finstern Wetterwolken geschildert, die beim Sturme tief vom schwarzen Himmel herabhangen und dunkeln Schauer über das Meer ergießen, z. B. Virg. Aen. I. 88 u. 89:

> Eripiunt subito nubes coelumque diemque
> Teucrorum ex oculis; ponto nox incubat atra.

und III. 194 u. 95:

> Tum mihi caeruleus supra caput adstitit imber,
> noctem hiememque ferens, et inhorruit unda tenebris.

So auch führt uns Homer die unbewegt an den hohen Berggipfeln hangenden Wolken vor: Il. V. 522—27. Vergl. XVI. 364 u. 65. V. 864—67.

Die phantastischen Gestalten derselben aber werden uns trefflich von Lucrez geschildert IV. 133—44:

> Quae multis formata modis sublime feruntur,
> nec speciem mutare suam liquentia cessant,
> et quojusquemodi formarum vertere in ora.
> ut nubeis facile interdum concrescere in alto
> cernimus et mundi speciem violare serenam,
> aëra mulcenteis motu: nam saepe Gigantum
> ora volare videntur et umbram ducere late:
> interdum magni montes, avolsaque saxa
> montibus anteire et solem succedere praeter:
> inde alios trahere atque inducere bellua nimbos.

Viele Bemerkungen über die Natur, Gestalt, Färbung der Wolken enthält das ganze sechste Buch.

Es mag hier darauf hingewiesen werden, mit wie großer Naturwahrheit Plinius jene Rauchwolken beschreibt, welche aus dem Krater des Vesuvs sich erheben VI. 16: Nubes — — oriebatur, cujus similitudinem et formam non alia magis arbor quam pinus expresserit. Nam longissimo velut trunco elata in altum, quibusdam ramis diffundebatur. — — Candida interdum, interdum sordida et maculosa, prout terram cineremve sustulerat. VI. 20:

Ab altero latere nubes atra et horrenda ignei spiritus tortis vibratisque discursibus rupta, in longas flammarum figuras dehiscebat: fulgoribus illae et similes et majores erant. Wenn er am Schluß dieser herrlichen Schilderungen dem Tacitus schreibt: haec, nequaquam historia digna, non scripturus leges, et tibi, scilicet, qui requisisti, imputabis, si digna ne epistola quidem videbuntur (vergl. VI. 16 am Ende: aliud est enim epistolam, aliud historiam; aliud amico, aliud omnibus scribere), so illustrirt das einerseits auf das beste den oben entwickelten eigenthümlichen Character der antiken Literatur, andererseits dürfen wir in dem „ne epistola quidem digna" sicher nicht mehr als eine urbane Redensart sehen. —

Es wäre ein sehr überflüssig Ding, die Freude der Alten am Meer durch gesammelte Beispiele belegen zu wollen. Nichts schilderten sie lieber, von nichts anderem entlehnte die Dichtkunst so gern ihre Vergleichungen. Wir werden hier nur einiges anführen, was die Einordnung des Meeres in die ganze Landschaft betrifft, oder was ganz individuelle Erscheinungen des ewig großen und ewig neuen Elements auf besonders treffende Weise bezeichnet.

Es ist offenbar die Empfindung eines großartigen Contrastes, welche das Meer vorzugsweise schildern ließ, wie es sich an dem starren, unerschütterlichen Felsenufer bricht; da sind die unendliche Bewegung und die ewige Ruhe auf das wunderbarste gepaart. So heißt es in einem Gedicht der Anthologie Jakobs I. B. 132:

Ruhig erglänzt das purpurne Meer, und der Athem des Sturmwinds
Treibet die Wellen nicht mehr schäumend im dunkeln Gewölbt.

Nicht mehr steiget die Fluth an den starrenden Klippen gebrochen,
Jetzt zu den Wolken empört, jetzt zu der Tiefe gesenkt.

Virg. Aen. VII. 586 ff. wird der von der aufgeregten Volks=
menge bedrängte König Latinus mit dem Felsen im Meer,
der unerschüttert den Wogen trotzt, verglichen:

> Ille velut pelagi rupes immota resistit,
> ut pelagi rupes, magno veniente fragore,
> quae sese, multis circum latrantibus undis,
> mole tenet; scopuli nequidquam et spumea circum
> saxa fremunt laterique inlisa refunditur alga.

I. 159 ff. wird dagegen geschildert, wie an einer Meerbucht
ungeheure Felsen zum Himmel aufdrohen; unter ihnen, die
riesigen Wächtern gleichen, schlummert sicher die Fluth (quo-
rum sub vertice late aequora tuta silent):

> — — — tum silvis scena coruscis
> desuper horrentique atrum nemus imminet umbra etc.

Hier ist alles, Meer, steiles Gebirg, schauriger Wald zu
einem Bilde vereinigt. — In der lieblichsten Weise wird
die eigenthümliche Schönheit des Meeres und des Landes in
einem Fragment des Moschus (V.) an einander gehalten. —
Die Erhabenheit der stürmischen See wird großartig in Ver=
sen des Virgil wie die folgenden geschildert III. 564 ff.:

> Tollimur in coelum curvato gurgite et idem
> subducta ad Manis imos desidimus unda.
> ter scopuli clamorem inter cava saxa dedere,
> ter spumam elisam et rorantia vidimus astra.

I. 105 ff.

> — — — unda dehiscens
> terram inter fluctus aperit; furit aestus arenis.
> — insequitur cumulo praeruptus aquae mons etc.

Georg. III. 237 ff.

> (fluctus) immane sonat per saxa neque ipso

> monte minor procumbit; at ima exaestuat unda
> verticibus nigramque alte subjectat arenam.

Unter das Wirkungsvollste ist hier die 2te Elegie des ersten Buches der Tristien von Ovid zu rechnen. Dagegen die „ungeheure Weite" der hohen See wird in dem Verse Aen. V. 8—12 gemalt:

> — — — nec jam amplius ulla
> occurrit tellus, maria undique et undique coelum.

Vergl. Ov. Trist. I. 2. 23—26:

> Quocunque adspicias, nihil est nisi pontus et aër,
> fluctibus hic tumidis, nubibus ille minax;
> inter utrumque fremunt immani turbine venti.

Aber auch den freundlichen, lockenden Erscheinungen des Meeres, dem leisen Spiel der Wellen und Winde, dem tausendfachen Glanz und Farbenschimmer der spiegelnden Fläche begegnete ein gleich empfängliches Gefühl. Theocr. VIII. 53—57 nennt Daphnis als sein Liebstes:

> — dieweil ich säng' hier unter dem Fels, dich im Arme,
> über der Weide Gewühl schaun auf's sikelische Meer [1]).

Vergl. Eurip. Frg. 3. Dind.:

> καλὸν δὲ πόντου χεῦμ' ἰδεῖν εὐήνεμον,

wo des Meeres still ergossene Fluth gepriesen wird; und unübertrefflich bezeichnet Aeschylus (Prom. 89) den unendlichen Glanz und Schimmer der Wogen durch:

> ποντίων κυμάτων ἀνήριθμον γέλασμα.

(vergl. auch Cäsar S. 499.)

Lucrez sagt fein von diesem zauberhaften Leuchten der See II. 559:

> subdola ridet placidi pellacia ponti

---

[1]) Ueberf. von Mörike und Notter.

V. 765—83 spricht er von dem reichen Farbenwechsel des Meeres. — Wenn er das 2te Buch mit den Worten beginnt:

Suave, mari magno turbantibus aequora ventis,
e terra magnum alterius spectare laborem,

so kommt freilich eine gut rationalistische Erklärung nach:

— — quibus ipse malis careas, quia cernere suave'st.

Und jene reine Lust an dem feuchten Element, der verlockende Anblick der geheimnißvollen Tiefe des Wassers, „wo es einem bisweilen ist, als könnte man nur so niedersteigen, um da ewig zu ruhen," ist ja häufig versinnlicht in den lieblichsten Märchen der Alten, in den Sagen, wo die Götter geliebte Menschenkinder ungefährdet in die bergende Wölbung (Od. XI. 243 f.), in die schimmernden Krystallpaläste hinabführen. (Vergl. auch Virg. Georg. IV. 317 ff.)

Nach den früheren Deductionen kann es ferner nur als ein idolum fori erscheinen, daß man den Alten einen geringen Sinn für die Schönheiten einer großartigen Bergnatur beilegte. Freilich so wenig wie über andere Gebilde der Natur dürfen wir ausgedehnte Schilderungen hiervon und breite Ergüsse erwarten; an bezeichnenden Zügen fehlt es von Homer an nirgends (z. B. Od. IX. 190—93. Il. XIII. 754).

Es hat seine Wurzel in einer eigenthümlichen Empfindung der Natur, wenn die beatae arces, die heiteren Höhen, zumal der ewigen Schneeberge hoch über dem Getriebe der Eintagsmenschen, im Glauben der Alten die Wohnung der seligen Götter waren. Hier ist objectiv doch etwas Aehnliches ausgedrückt, wie wenn der moderne Dichter sagt: auf den Bergen wohnt die Freiheit.

Bezügliche Stellen finden sich bei Euripides z. B. vielerwärts. Ion 725 ff.:

ἵνα δειράδες Παρνασοῦ,
πέτρας ἔχουσαι σκόπελον
οὐράνιόν θ᾽ ἕδραν,
ἵνα Βάκχιος κ. τ. α.

Troad. 1073 ff., wo auch die epheubewachsenen Schluchten des Ida, die vom Schnee der Höhe gespeisten Ströme und die zuerst von der Frühsonne vergoldete, strahlende Spitze gepriesen werden:

(sc. προὔδωκας, ὦ Ζεῦ)
Ἰδαῖά τ᾽, Ἰδαῖα κισσοφόρα νάπη,
χιόνι κατάρρυτα ποταμείᾳ,
τέρμονά τε πρωτόβολον ἁλίῳ
τὰν καταλαμπομέναν
ζαθέαν θεράπναν.

Vorzüglich reich an Beschreibungen erhabener, wilder Gebirgsgegend ist Orph. Arg. Wir müssen uns begnügen auf einige wenige Stellen hinzuweisen. V. 368—70:

καὶ τότε δὴ σκοπιαί τε καὶ ἠνεμόεσσα κολώνη
Πηλίου ὑλήεντος ἀπ᾽ ἠϊόνος κατέφαινεν.

V. 1128—32:

Ἐν μὲν γὰρ Ῥιπαῖον ὄρος καὶ Κάλπιος αὐχήν
ἀντολίας εἴργουσ᾽· ἔπι οἱ κέκλιται δὲ πελώρη
ἆσσον ἐπισκιάουσα μεσημβρινὸν ἠέρα Φλέγρη·
δείελον αὖ κρύπτουσι φάος τανάηκεες Ἄλπεις
κείνοισιν μερόπεσσιν· ἀχλὺς δ᾽ ἐπικέκλιται αἰεί.

V. 462—68. 748—52. 1271—74. Eur. Phoen. 233 ff. Ion 725 ff.

Von vielen schönen Schilderungen römischer Dichter möge es genug sein die prächtigen Verse des Virgil Aen. XII. 701—704 anzuführen:

Quantus Athos aut quantus Eryx aut ipse, coruscis
quum fremit ilicibus, quantus gaudetque nivali
vertice se adtollens pater Apenninus ad auras etc.

Freilich von dem Besteigen hoher Gipfel und Aussichtspuncte, von dem Bereisen der Gebirgsländer, wie das unserer Zeit so eigen ist, lesen wir bei den Alten selten. Nichts kennzeichnet ja aber auch deutlicher die Unbefriedigung, welche unser naturfernes Leben in uns erregt; es ist eine recht eigentliche Flucht aus der Enge des Berufs, der Einförmigkeit der Geschäfte, aus „des Zimmers Gefängniß," den Fesseln der Gesellschaft. In der reinen Befriedigung, die im Alterthum jeder menschlichen Neigung und Anlage ward, bei den über alles mächtigen Interessen des Staates, der Religion, der Kunst, und endlich in dem täglichen Genuß der den antiken Menschen rund umgebenden Herrlichkeit der Natur, konnte dieser Reisetrieb nicht wohl stark und allgemein werden. Wo er hervortritt, da waren es ganz andere Zwecke als der rein ästhetischen Naturgenusses, die in die Ferne trieben[1]). Je mehr nun aber das Leben von jener ursprünglichen Schönheit und reinen Genüge abirrte, und je weniger, nachdem die politische Freiheit zu Grabe getragen war, jene großen und allgemeinen Mächte dem ganzen Dasein die Richtung und das Ziel gaben, desto mehr gewann die schöne Natur ein selbstständiges Interesse für sich, wurde ihr Genuß absichtlicher und bewußter Art. Plinius konnte, wo er vom Gefallen an schöner und bedeutender Natur redet VIII. 20, sagen: ad quae noscenda iter ingredi, transmittere mare solemus, ea sub oculis posita negligimus. —

Und vielleicht wird die Meinung nicht als eine zu arge Ketzerei aufgenommen, daß der Hang unserer Reisenden, die

---

1) Vergl. bei Friedlaender den ausführlichen und instructiven Abschnitt über die Reisen Bd. II. S. 3—122, bei dem man nur die Zeit, von der er handelt, nicht aus den Augen lassen darf.

Gegend wo möglich immer vom Gipfel hoher Berge, wo sie die Dimensionen und die Aehnlichkeit einer Landkarte gewinnt, wie aus der Vogelperspective zu betrachten, zwar nicht ohne besonderes Interesse sei und ein eigenthümliches Wohlgefallen erwecke, aber dennoch mit dem ästhetischen Naturgenuß wenig gemein habe. Ein für landschaftlichen Genuß organisirtes Auge wünscht gerade vor allem wohlthätige Begrenzung und Abrundung zu einem einheitlichen Bilde, wie es jene Fernen, in denen die Dinge leicht bis zur Unkenntlichkeit in einander verschwimmen, nur selten darbieten.

Die tiefe Empfindung der Alten für die Schönheit der Pflanzenwelt, die feine Auffassung des Characteristischen in derselben brauchte hier kaum erwähnt zu werden. Kein Volk hat dieselbe in seinen Sagen in schönerem Sinne verherrlicht. „Jener unglaubliche Character der Sehnsucht, jene stille Wehmuth," die W. von Humboldt aus den Bäumen anspricht, „deren Neigen oft wie eine Klage aussieht, daß sie so unbeweglich stehen müssen," sie werden in den Metamorphosen auf tief poetische Art objectivirt. Zumal die innige Theilnahme des Gemüthes an schönen oder altehrwürdigen Bäumen liegt überall zu Tage. Und ähnlich steht es mit der bunten Welt der Blumen mit den hellen Kinderaugen. Hier denke man auch an Sagen, wie die von Hyakinthos, die von Narkissos, welche vielleicht alle anderen an sinniger Tiefe übertrifft; man denke, welche Stelle die Blumen im Leben der Alten einnahmen, wie sie die nothwendigen Begleiterinnen jeder Freude waren und jeder Trauer die sanfte Wehmuth gaben. In dem köstlichen Liedchen der anakreontischen Sammlung εἰς ῥόδον haben wir alles beisammen. Die zarte Rose ist des Gelages liebe Freundin; ihr Duft erfreut die Götter, und sie ist die Wonne der Menschen, der Frühlingsschmuck der Chariten, der Musen liebliche Blume und die Lust der Lieder.

> γλυκὺ καὶ ποιοῦντι πεῖραν
> ἐν ἀκανθίναις ἀταρποῖς·
> γλυκὺ δ' αὖ λαβόντι θάλπειν
> μαλακαῖσι χερσὶ κούφαις
> προςάγοντ' Ἔρωτος ἄνθος.
> ἀσόφῳ τόδ' αὐτὸ τερπνὸν
> θαλίαις τε καὶ τραπέζαις
> Διονυσίαις θ' ἑορταῖς.

Sie ist Balsam für die Kranken, sie scheucht noch den Tod vom Leichnam, sie ist selbst der Zeit Herrin: denn der Rosen liebliches Alter bewahrt der Jugend holden Duft:

> τόδε καὶ νοσοῦσιν ἀρκεῖ,
> τόδε καὶ νεκροῖς ἀμύνει,
> τόδε καὶ χρόνον βιᾶται·
> χαρίεν ῥόδων δὲ γῆρας
> νεότητος ἔσχε ὀδμήν.

Und so wird auch auf das anmuthigste ihre erste Entstehung besungen, wie die Erde ihr wunderliebliches Kind, ein junges Reis köstlicher Rosen, sprießen läßt:

> μακάρων θεῶν δ' ὅμιλος,
> ῥόδον ὡς γένοιτο, νέκταρ
> ἐπιτέγξας, ἀνέτειλεν
> ἀγέρωχον ἐξ ἀκάνθης
> φίτον ἄμβροτον Λυαίου.

Und wie ein Motto für das Capitel von der Blumenliebe der Alten ist der Vers:

> τί δ' ἄνευ ῥόδου γένοιτ' ἄν; —

Nun hat man freilich die Meinung ausgesprochen, für die Gruppirung der Baumarten, für den verschiedenen Character, die reiche Schattirung des Laubes habe den Alten der feinere Sinn gemangelt. Auch Vischer (Aesth. II. 437) sagt: die zerfließenden Potenzen der Luftperspective, des Hellbunkels, der undeutlichen Blättermenge waren ihnen zu unbestimmt. Und freilich ist zuzugeben, daß die Alten eine höhere Begabung für die entschiedenen, klar umrissenen Formen der Menschen- und Thiergestalt zeigen; daß bei der reflectirten Naturbetrachtung der Neueren, durch das fleißige Aufsuchen auch jener anderen Bildungen der Natur, durch den Einfluß der modernen Landschaftsmalerei, die Uebung und Gewöhnung des Auges unsere Empfindung für diese Dinge an Intensität gewonnen habe. Doch bleibt die Ansicht unberechtigt, die Alten hätten über diesen Theil schöner Landschaft hinweggesehen; wie auch eine directe Vergleichung mit den Neueren unstatthaft ist. Eine nicht geringe Anzahl bedeutungsvoller Aeußerungen ließe sich für das Gegentheil herbeiziehen. Einiges möge hier seinen Ort finden.

Der wohlthuende Contrast verschiedener Arten des Baumschlages ist schön von Horaz Carm. II. 3. 9 u. 10 bezeichnet:

> Qua pinus ingens albaque populus
> umbram hospitalem consociare amant.

Virgil, der an trefflichen Schilderungen des Baumcharacters so vieles giebt, nennt Ecl. VII. 65 u. 66 den schönsten landschaftlichen Standort verschiedener Gattungen:

> Fraxinus in silvis pulcherrima, pinus in hortis,
> populus in fluviis, abies in montibus altis.

Besondere Freude haben die Alten an dem schönen Gegensatze empfunden, wenn klammerndes Schlinggewächs wie der Epheu, die Rebe sich an dem mächtigen, geraden Stamm der Bäume emporrankt. Plinius drückt sich hierüber hübsch also aus V. 6: platani hedera vestiuntur, utque summae suis ita imae alienis frondibus virent. Hedera truncum et ramos pererrat, vicinasque platanos transitu suo copulat. Bei ihm wird die verschiedene Art, Stellung, Gruppirung der „viridia" und die Aussicht auf dieselben überhaupt oft genug angegeben. Bei den häufigen Schilderungen des mannigfaltigsten Pflanzenwuchses in den Schriften der Alten kann es natürlich nicht Wunder nehmen, nicht auch die Empfindung, welche derselbe hervorruft, für sich beschrieben zu finden. Um ein Beispiel schon aus dem Homer zu geben: die herrliche Umlaubung der Grotte der Kalypso Od. V. 63 —73, wo Erlen, Pappeln, Cypressen den Hain bilden, daneben Reben mit üppigem Laube den Felsen umranken und schwellende Wiesen voll Violen und Eppig grünen (Hermes selber bleibt ja in Entzücken über eine so reizende Natur stehen), bezeugt, welches Gefallen man an dem anmuthigen Wechsel der Pflanzenformen und der Schattirung des Grünen fand. Es ist ferner ein feiner Zug bei den alten Dichtern, daß sie uns selten einen schattigen Hain, einen einzelnen herrlichen Baum nennen, ohne ihn an das Ufer eines Flusses, an den murmelnden Quell, kurz an ein schönes Gewässer zu stellen. Denn unglaublich gewinnen ja die Bäume für den Eindruck der Schönheit durch jenes Ueberhangen und Neigen über die Fluth, durch die Spiegelung in dem klaren Element. Die vegetabilische Natur erhält dadurch gleichsam erst die Seele; sie sieht wie in stille Betrachtung ihrer selbst versunken aus; und kommt das traumhafte Geflüster in den Zweigen, das Rauschen des Wassers hinzu, so trifft uns der Anblick wie von einem „Vorspiel der Geisteswelt." — Wir haben bisher die Thierwelt aus dem Kreise unserer Betrachtung ausgeschlossen. Für den ästhetischen Gesichtspunct ist dieselbe wie ein streitiges Grenzgebiet. Hier ist in ganz anderem Sinne als in der elementaren Natur und der Pflanze Leben vorhanden; in unendlich gesteigerter Weise kündigt sich das Erwachen des Geistes und die Freiheit an. Die Formen deuten mehr auf den Menschen hin, als sie an die niederen Stufen des Daseins erinnern.

Es ist aber auch unbegreiflich, wie man die allgemeinste und tiefste Anlage der Alten für die Auffassung der Thiernatur, die gemüthvollste Theilnahme an derselben, die sinnvollste Verklärung in der Dichtung hat verkennen können. Auch hier ist es den Alten zum Nachtheil gewesen, daß sie es nicht verstanden wie wir Neueren für die eigene Empfindung und Tiefe des Gefühles zu plaidiren. Dazu haben sie es denn doch trotz ihrer vielberufenen „Selbstgefälligkeit" nicht gebracht. Pazschke hat die dankbare Aufgabe übernommen am Homer nachzuweisen, „wie die Versenkung in die Heimlichkeit des Lebens der Thiere den Griechen fremd geblieben sei," wie immer nur „neben den Menschen das Thier treten konnte." (S. 25.) Wird dies mit Beispielen aus dem Homer belegt, wird gezeigt, wie wesentlich nur in den Gleichnissen und nebenbei von den Thieren die Rede sei, so heißt das so viel als beweisen, Homer habe eben kein Thierepos gedichtet. Dem Homer, seiner ganzen Zeit wird auf die Rechnung gesetzt, was aus der Art und Anlage des Gedichtes zu erklären war. Und ist es denn z. B. in den Nibelungen anders? Eine Vergleichung kann die Herrlichkeit des Homer auch in dieser Richtung nur in noch helleres Licht setzen. Pazschke geht noch weiter; S. 26 bemerkt er: im Homer „sei von einer intellectuellen Thätigkeit der Thiere aus den oben entwickelten Gründen (die ich vergebens suche) nirgends die Rede." Man sieht, welch wunderliches Verfahren hier beliebt wird: erst sollen die Alten keinen Sinn für die Natur haben, weil sie dieselbe an der Geisteswelt participiren lassen, weil sie dieselbe personificiren — sodann aber, weil sie einen Theil der Natur — die Thierwelt — degradiren, durch einen absoluten Unterschied, auch für die Phantasie, von dem Geistig=Persönlichen trennen; d. h. für die Erhaltung des lieben Dogma sind alle Gründe gut genug. Ist denn die Sage nicht gerade vorzugsweise für die Personification der Thiere geschäftig gewesen? Und welche Stellung nehmen sie denn wirklich im Homer ein? Nichts kommt den homerischen Helden doch weniger bei, als am Verstande und Gemüthe der Thiere zu zweifeln. Oder meint Odysseus, die Thiere hätten eben nur „Instinct," wenn er sieht, wie der arme, treue Hund Argos, der krank und verachtet auf dem Dünger liegt, von des dunkeln Todes Verhängniß umfangen wird „gleich nachdem er Odysseus gesehen im zwanzigsten Jahre"?

Uebrigens hätten schon die weinenden und redenden Rosse des Achilleus Herrn Pazschke ermahnen sollen; denn bekanntlich hat Hera ihnen nur die Sprache, nicht aber den Verstand zu leihen brauchen Il. XIX. 407:

αὐδήεντα δ' ἔθηκε θεὰ λευκώλενος Ἥρη.

Die homerischen Rosse verstehen sehr wohl die an sie gerichteten Reden der Helden nach von Pazschke selbst angeführten Beispielen.

Man kann sagen: wenn auch alles andere schwiege, so würden die Steine reden. Allein aus der Plastik der Griechen ließe sich die herzliche Theilnahme, das sinnigste Verständniß für das Leben der Thiere erschließen.

In unserm Zusammenhange müssen wir uns indeß be=

gnügen, die Thierwelt nur in so fern zu berücksichtigen, als in ihr eine Beseelung der Landschaft gegeben ist, oder als sie nur die Staffage zu derselben bildet.

Den Eindruck einer Beseelung der Landschaft ruft der ganze Chor der Thiere hervor, welche mehr gehört als gesehen werden; die Schaar jubilirender und klagender Vögel in Busch und Wald und hoch in den Lüften; neben ihnen ist kein anderes Thier von den Griechen öfter und mit innigerer Zuneigung besungen worden als die Cicade; man denke an das wundervolle Lied des Anakreon: Μακαρίζομέν σε, τέττιξ, an das schöne Fragment des Aliäus, in dem es heißt:

ἄχει δ' ἐκ πετάλων Fάδεα τέττιξ, πτερύγων δ' ὑπο
κάκχέει λιγύραν πυκνὸν ἀοίδαν κ. τ. α.

Vergl. Aristoph. Av. 1095 u. 96. Hesiod. scut. Her. 388
—93 und die anmuthige Sage von denselben im Phaedrus 262 d.

Die Alten haben es in ihren Schilderungen reizender Natur selten unterlassen auf diese lieblichen Stimmen der Landschaft mit herzlicher Freude hinzuweisen. Auch diejenigen, welche mehr einer melancholischen und romantischen Empfindung entsprechen, bezeichnet Virgil oft auf das treffendste Georg. I. 378:

> Et veterem in limo ranae cecinere querelam.

I. 402 u. 403:

> Solis et occasum servans de culmine summo,
> nequidquam seros exercet noctua cantus.

Aen. IV. 462 f.:

> Solaque culminibus ferali carmine bubo
> saepe queri et longas in fletum ducere voces.

Georg. I. 388 f.:

> Tum cornix plena pluviam vocat improba voce
> et sola in sicca secum spatiatur arena.

Ebenso wenig heben diejenigen Thiere, welche die Einsamkeit lieben, die der schönen Landschaft eigenthümliche Ruhe und Abgeschiedenheit auf; der Adler, der sich von steiler Felshöhe aufschwingt (vergl. II. XIII. 63), der im Frühling hoch durch die Lüfte wandernde Kranich (Anacr. εἰς ἔαρ), das scheue Wild (vergl. die wilden Ziegen, welche die luftigen Gipfel umklettern Od. IX. 118), die Heerden, welche man fernhin grasen sieht (Plin. Ep. II. 17. Lucret. II. 317—23); wie ja auch das menschliche Leben in seinen einfachen, naturgemäßen Beschäftigungen nicht im geringsten von dieser Belebung der Landschaft ausgeschlossen ist.

Ganz modern berührt es uns, wenn Properz den anmuthigen Anblick beschreibt, „wie man den Fluß hinab die bunten Schiffe gleiten sieht" Lib. I. 14:

> Tu licet abjectus Tiberina molliter unda
> Lesbia Mentoreo vina bibas opere,
> et modo tam celeres mireris currere lintres
> et modo tam tardas funibus ire rates,
> et nemus omne satas intendat vertice silvas,
> urgetur quantis Caucasus arboribus etc.

Sehr hübsch ist in Ausons Mosella die Staffage gezeichnet: da tummelt sich die lustfahrende Jugend auf dem Strome; da sind angelnde Knaben; Schiffer fahren den Strom hinab und singen den säumigen Winzern auf den Bergen ein neckisches Lied (adstrepit ollis et rupes et silva tremens et concavus amnis), und auf tieferem Gestade zieht der Wan=

derer dahin. Der Naturgenuß des Auson ist freilich schon ganz reflectirter Art. Er vergleicht gerne schöne Landschaften mit einander. Am Gestade der Mosel fühlt er sich heimatlich angeweht; es ist ihm ein Abbild der schönen Ufer der Garonne:

> In speciem cum me patriae cultumque nitentis
> Burdigalae blando pepulerunt omnia visu.
> V. 18 u. 19.

Vergl. V. 157—61. Und so stellt er derselben Gegend die herrliche Küste von Bajä gegenüber V. 345—49:

> Quod si Cumanis huc afforet hospes ab oris,
> crederet Euboicas simulacra exilia Bajas
> his donasse locis; tantus cultusque nitorque
> allicit etc.

Vergl. 287—92.

Solchen Vergleichungen begegnen wir freilich auch in früherer Zeit nicht selten. Ovid malt den schmerzlichen Contrast zwischen dem „Lande der Massageten" und der herrlichen Natur Italiens aus, und Virgil erhebt in prächtigen Versen die Schönheit Italiens über die aller anderen Länder. (Ovid. Trist. III. 12. Virg. Georg. II. 136—77. Vergl. Lucret. I. 719—730. Hor. Carm. I. 7. I. 21. II. 6. 13. III. 4. 22 25. Propert. IV. 22.

> Omnia Romanae cedent miracula terrae:
> natura hic posuit, quicquid ubique fuit.)

Wir eilen zum Schlusse. Es könnte als ein Fehler unserer Untersuchung erscheinen, daß wir das griechische und römische Alterthum unter denselben Gesichtspunct gestellt haben. W. von Humboldt sagt (Briefwechsel mit Schiller Br. 30): „mein eigenes Gefühl hat immer den von Ihnen angegebenen Unterschied zwischen den Griechen auf der einen, und den Römern nebst allen Modernen auf der andern Seite gemacht;" und darin ist große Wahrheit. Beide Völker stehen im scharfen Gegensatze grundverschiedener Naturanlage und geschichtlicher Entwickelung; wie hätten sich also nicht auch in ihrem Verhältnisse zur Natur, in der Auffassung derselben durch die Phantasie bedeutende Unterschiede herausstellen sollen, zumal unsere Frage in das innerste Gewebe geistiger Eigenthümlichkeit einführt. Von diesem Standpunct aus könnte man aber auch eine weitere Scheidung innerhalb des Griechenthumes selbst vornehmen. Denn wie in einem Mikrokosmos zeigen sich hier die fruchtbarsten Stammesgegensätze. Die Sache verhält sich also. Die Römer stehen in der Art, wie sich ihr Naturgefühl äußert, den Griechen um vieles näher als den Modernen im engeren Sinne des Wortes, von denen sie noch durch so viele Mittelglieder geschieden sind. Wie wir sahen, bildet der Geist des Mittelalters noch nicht den vollen Gegensatz zum Alterthum in seiner Stellung zur Natur, sondern das moderne Bewußtsein, die reflectirte Bildung; und für diese neue Form der Naturbetrachtung und des Naturgenusses sehen wir die bewegende Ursache nicht so sehr in der besonderen Anlage eines Volks für die Empfindung der Naturschönheit; es sind Früchte am Baume der Menschheit gereift. — Die gesonderte Besprechung der Griechen und Römer hätte von dem großen Zusammenhange und dem Ueberblick des Ganzen abgeführt. Wir haben versucht dennoch thunlichst das Characteristische beider Völker hervorzuheben.

So viel ist richtig: die Eigenthümlichkeit des römischen Naturells ist es, sich überall, und sei es oft kaum merklich, der modernen Naturempfindung anzunähern. Es herrscht hier eine größere Helle über die empfangenen Eindrücke; oft schon verweilt die Reflexion bei der Empfindung und sucht daraus einen eigenthümlichen Genuß; diese wird in der Schilderung der Dinge etwas Selbstständiges neben denselben. Bei den Römern, so können wir sagen, scheint die subjective Stimmung durch immer durchsichtiger werdende Hüllen der Seele hindurch. Dies Uebergreifen der Reflexion zeigt sich ja auch auf das deutlichste in der Genesis der Kunstwerke, zumal in der Dichtung. An die Stelle eines genialen Instinctes, der unmittelbar aus innerer Natur handelt, tritt die bewußte Erwägung der Kunstgesetze und die Berechnung auf den Eindruck. Dagegen ist es das Wesen des griechischen Naturgefühles, sich ganz ins Object dahin zu geben, in ihm zu weben und zu sein. Nur von der erschreckenden Wahrheit der Schilderung, der Innigkeit der Zeichnung, der tief sympathetischen Auffassung der Dinge, die immer in ihrem wahrsten Lebensgehalt, im innersten Kerne ergriffen werden, wird das Dasein der Empfindung verkündigt. W. von Humboldt drückt dies so aus (Briefwechsel mit Schiller, Br. 30): „sie nahmen nicht bloß zuerst treu auf, sondern auch, ungeachtet der Stärke ihrer Rührung, wirkten sie dennoch so angemessen darauf zurück, daß sie die eigenthümliche Gestalt der Dinge nur sehr wenig veränderten." Die abstracte Richtung der römischen Religion, jener oben bezeichnete Pandämonismus ließ die Römer vielmehr, als es bei den Griechen der Fall war, auf die Natur als ein Ganzes, weit hinaus über die Gegenwart ihrer ästhetisch-sinnlichen Erscheinung, gerichtet sein. Nicht nur für den Standpunct des Plinius selbst ist ein Wort von ihm bedeutungsvoll:

Naturae vero rerum vis atque majestas in omnibus momentis fide caret, siquis modo partes ejus ac non totam complectatur animo¹). In ihren Göttern blieb den Römern die Natur immer nahe. Wie durch klares Wasser sieht man bei diesen schattenhaften Gestalten auf den Grund. Sie verdunkeln die Natur nicht so sehr, als daß sie ihr das dämonische Licht ernst religiöser Stimmung geben. Wohl mag das Naturgefühl der Römer religiös inniger sein als das der Griechen; ästhetisch betrachtet steht es weit hinter jenem zurück.

Gewiß von den Alten am wenigsten ließe sich sagen: es entfloh ihnen „ungenossen, unempfunden die schöne Seele der Natur." Wie es zu geschehen pflegt, hat man gemeint ignoriren zu können, was sich nicht direct, nicht nach uns gewohnter Weise ankündigte. Da das Menschennahe, das unmittelbar Wohlthätige der Natur auch den Alten zum Bewußtsein kam, da über so gefällige Erscheinungen, wie der kühle Waldschatten, der frische Quell, das frohe Tageslicht, der Sang der Vögel auch das naivdichterische Gemüth sich jederzeit sofort selber verstand, so schloß man, die Alten hätten die Natur wesentlich nur unter dem Gesichtspunct des Practischen betrachtet; nur das „gemächlich Bewohnbare," das Heitere und Anmuthende einzelner Erscheinungen hätte vor ihren Augen Gnade gefunden. Jene Bewußtlosigkeit über das Gefühl, das Dunkel der Empfindung, in dem wir den tiefsten Unterschied des antiken Natursinns von dem modernen erkannten, machte sich aber am entschiedensten bei jenen Erscheinungsformen der Natur geltend, die in uns vorzugsweise romanti-

---

1) Bernhardy, röm. Literaturg. S. 644. Plin. Hist. nat. VII. 1.

sche ¹) oder sentimentale Empfindungen wecken. So gebrach es nicht an empfänglichem Sinn für die landschaftlichen Fernen, für den unsagbaren Duft, die Harmonie einer Gegend, für die Wunder einer in großartigen Gegensätzen entwickelten Gebirgsnatur, für alle die verschwimmenden und in's Grenzenlose weisenden Gestaltungen, sondern an der reflectirenden Betrachtung und dem Ausdruck. Nicht waren den Alten die Gefühle der Sehnsucht und Wehmuth, die schwermüthige Stimmung fremd; aber ihre gesunde Natur verlor sich nie darin; sie waren wie flüchtige Schatten, die am Gemüthe vorüberziehen, ohne es zu verfinstern; auch hier ist die Bewegung, wie auf der Oberfläche des Meeres. —

Möge unsere Arbeit an ihrem Theile zu einer gerechteren Würdigung des Natursinnes der Alten beitragen. Schiller gab durch ein schroffes Urtheil (Ueber naive und sentimentalische Dichtung) den Anstoß zu der Untersuchung. Er sagt, der Grieche nehme keinen vorzüglicheren Herzensantheil an der Natur als an einer Rüstung, einem Hausgeräthe; sie scheine mehr seinen Verstand als sein Gefühl zu interessiren. Seine ungeduldige Phantasie führe ihn über sie hinweg zum

---

1) Friedlaender meint II. 118, der Sinn für das sogenannte Romantische in der Natur habe nicht nur den Alten, sondern bis zur Mitte des 18ten Jahrhunderts eben so völlig gefehlt, als der Begriff und das Wort dafür. Wenn wir ihm darin beistimmen, daß in unserer Frage die moderne Zeit nicht nur der antiken, sondern dieser und dem Mittelalter zugleich entgegenzustellen sei, so glauben wir doch, er bringe in seiner Ausführung nicht in Anschlag, daß Dinge lange mit Namen wie unheimlich, rauh, wild, erschreckend, furchtbar belegt werden können, ehe die Reflexion gewahrt, wie sehr das Gefühl durch dieselben in Anspruch genommen, erhöht und ergriffen werde, daß Sprache und Empfindung oft lange Zeit verschiedene Wege gehen.

Drama des menschlichen Lebens. Nur Charactere, Handlungen, Schicksale und Sitten befriedigten ihn.

An diese Aeußerungen hielten sich seine Nachfolger. Man übersah, daß er sich anderer Orten, dies diene zur Berichtigung, in viel gerechterer Weise äußert. So fragt er (Ueber Matthissons Gedichte), wie man wohl annehmen dürfe, daß es dem Griechen, diesem Kenner und leidenschaftlichen Freund alles Schönen, an Empfänglichkeit für die Reize der leblosen Natur gefehlt habe; man müsse vielmehr annehmen, wohlbedächtlich habe er diesen Stoff für die künstlerische Behandlung verschmäht.

Dabei sehen wir ganz ab von dem Preise des „holden Blüthenalters der Natur" in den Göttern Griechenlands:

„An der Liebe Busen sie zu drücken,
gab man höhern Adel der Natur."

Indeß sind die absprechenden Urtheile an der Tagesordnung geblieben. Zum Ueberdruß hat man Lessing mit den Alten vergleichen hören, „weil auch er keinen Sinn für die Schönheit der Natur gehabt habe," und selbst bei Gervinus (Literaturgesch. I. S. 134) kann man lesen: „Das ganze Alterthum kannte keine Freude an der Natur."

Endlich glauben wir uns nicht dagegen verwahren zu müssen, daß wir den eigenthümlichen Werth der modernen Naturempfindung verkennen. — Der moderne Geist, der die Frucht der Erkenntniß gebrochen hat, nimmt damit Segen und Unheil der That dahin. Den Segen einer unendlich erweiterten und vertieften Weltanschauung und die zweite Welt, die er im Busen aufbaut. Es liegt am Tage, wie viel doch auch die gefühlvolle und dichterische Betrachtung der Natur durch die in's Bewußtsein gehobenen Schätze der Empfindung gewonnen hat; und was die Wahrheit und Erkenntniß erwarben, ist doch nicht überall der Schönheit verloren worden.

Die Verirrungen der modernen Theilnahme an der Natur sind nothwendige; sie sind wie überall das Schlechte am Guten. Wir denken hierbei an jene gutmüthige rationalistische Weisheit, die sich im nüchternen Preise der allgütigen und allweisen Einrichtung der Schöpfung abquält und dem lieben Gott zu seiner Ehre die Welt auf wunderliche Weise verdreht und verflacht; an jene weichliche Empfindsamkeit und unklare Schwärmerei, die in ihrer Verschwommenheit die deutliche Anschauung, das helle Licht der Betrachtung fürchtet, in komischer Angst, dadurch die schöne Schwärmerei zerstört zu sehen; an das selbstgefällige Behagen an der eigenen Empfindung, das jeden Augenblick den Narciß spielen und als solcher gesehen werden möchte, die widrige und schwächliche Eitelkeit, in der das so grausam von der rauhen Welt verletzte liebe Ich in die Natur flüchtet, um ihr den großen Seelenschmerz zu klagen, das sie liebt, um alles Menschlich-Schöne zu verachten. Das sind Abwege, auf welche der Moderne im sentimentalen und romantischen Interesse für die Natur nur zu leicht geräth.

Besäßen wir auf dem Felde der Naturpoesie des Herrlichsten nicht so vieles, die Art der in der heutigen Literatur gebräuchlichen Naturschilderungen könnte an der Wahrheit und Tiefe des modernen Gefühles verzweifeln lassen. Solche Beschreibungen geben jedem Romane, jeder neuen Erscheinung der Lyrik den willkommenen Umfang; sie sind das Alpha und Omega der Dichtung geworden. Man meint uns genug zu thun, wenn man uns spazieren führt und als lästiger Cicerone alle Schönheiten der Gegend geschwätzig anpreist; es sind Naturschilderungen, die überallhin passen, weil sie nirgends pas-

sen, und mit einem Worte Hegels zu schließen: „Naturschil=
berungen und daneben, was einem bei dergleichen Naturscenen
an schönen Gefühlen und Herzensergüssen einfallen kann. Es
ist dies ein allgemeiner Heerstraßenweg, den jeder entlang zu
gehen vermag."

Druckfehler.

Lies S. 8 Z. 11 v. o.: könnte
= = 16 = 18 v. o.: zwei schon
= = 17 = 6 v. u.: Hephaistos'
= = 20 = 19 v. o.: die Welt der Nacheinander
= = 21 = 12 v. o.: bezieht sich eben
= = 39 = 11 v. u.: nie bloß Natur
= = 48 = 14 v. o.: Gewand der Penelope
= = 50 = 1 v. u.: urbem est, repente, velut